人権論入門
● 日本国憲法から考える

奥野恒久 Tsunehisa Okuno

法律文化社

はしがき

　本書は、大学での教養科目「人権論」の教科書を念頭に、広く学生や市民に人権について考えてもらおうと、書かれたものである。人権論については、社会学や歴史学など様々なアプローチがありうるなか、本書は憲法学とりわけ日本国憲法の視点から考えていこうとする。それは、私の専攻が憲法学だからである。と同時に、改憲論が声高に叫ばれている昨今であるが、国民主権、非軍事平和主義、人権尊重主義を三大原理とする日本国憲法は、それを生かすことで、数多く存在する人権問題に対しても、解決に向けての道筋を提示しうると考えるからである。

　日本国憲法13条は、「すべて国民は、個人として尊重される。生命、自由及び幸福追求に対する国民の権利については、公共の福祉に反しない限り、立法その他の国政の上で、最大の尊重を必要とする」と規定している。分かりやすくいえば、誰もが一人ひとりとして大切にされなければならず、国が政治を行う究極の目的はその一人ひとりが自分らしく生きて暮らしていけるようにすることだ、というのである。さて、現在の日本社会、誰もが大切にされているだろうか、誰もが自分らしく生きているだろうか。戦時下で、国民は国家の「駒」として戦争に動員されたが、現在は大丈夫か。会社や他人の「道具」として扱われている人はいないか。本書では、このような問題意識で人権問題を考えていきたい。

　もう一つ、人権の保障される社会に向けてである。日本国憲法97条は、「この憲法が日本国民に保障する基本的人権は、人類の多年にわたる自由獲得の努力の成果」である、と述べている。人権とは、権力者に対し人々が声をあげて闘いとってきたものだ、という理解である。だから、憲法12条が述べるように、「この憲法が国民に保障する自由及び権利は、国民の不断の努力によって、これを保持しなければならない」のである。人権の保障される社会を実現するためには、国民が人権意識を持って、ときには声をあげなければならない、

黙っているだけでは自らの人権も権力者に奪われかねないのである。また、慣習や法律や制度が、人を生きづらくしていることもある。無知ゆえに無意識のうちに人権侵害に加担しているかもしれない。だから、様々な小さな声に耳を傾けることも必要なのである。
　私自身、これらを実践できているなどとてもいえない。だが、意識して学び、考え、ときに怒り、声をあげたいと思っている。本書を通じて、人権問題に直面したときも、最後の「切り札」として日本国憲法が使えるのだ、と感じていただければ幸いである。

目　次

はしがき

序　章　大震災・原発事故と人権 …………………… 1
1　大震災という非日常があらわにしたこと (1)　2　被災地での人権問題 (4)　3　表出される差別意識 (5)　4　原発に見られる差別の構造 (7)　5　「考える」ということ (8)

第1章　憲法と人権保障 …………………… 10
1　立憲主義と個人の尊重 (11)　2　人権の私人間適用 (14)　3　新しい人権 (16)　4　人権の限界 (18)　5　個人の自己決定か生命の尊重か？ (19)

第2章　法の下の平等 …………………… 21
1　平等の意味 (21)　2　明治民法下の家制度と日本国憲法 (25)　3　法の下の平等をめぐる裁判 (26)

第3章　刑事権力と人権 …………………… 33
1　立憲主義と刑事手続の基本原則 (34)　2　刑事手続の流れ (35)　3　犯罪と刑罰 (40)　4　司法への市民参加 (43)

第4章　教育と人権 …………………… 46
1　日本国憲法の教育観と教育基本法 (47)　2　「日の丸」「君が代」をめぐって (51)

第5章　公務員の人権 …………………… 57
1　表現の自由の意義 (57)　2　政治的表現の自由の現在 (60)　3　公務員の政治活動規制をめぐる憲法問題 (64)

第6章　外国人の人権 …………………… 69
1　国籍法制 (70)　2　在日外国人をめぐる歴史的背景 (72)

3　外国人の人権をめぐる憲法問題（75）　　4　外国人の人権をめぐる新たな問題（80）

第7章　アイヌ民族の文化享有権 …………………………… 84
　　　　1　先住民族の権利に関する国連宣言（以下、国連宣言）（84）
　　　　2　二風谷ダム判決における文化享有権（88）　　3　個人の自律を支え、個人の人権を擁護する集団の権利（93）

第8章　人間らしい生活を営む権利 …………………………… 98
　　　　1　生存権と福祉政策（98）　　2　生存権裁判と生存権の法的性格（101）　　3　縮減される福祉政策のなかでの憲法25条（106）

第9章　労働と人権 ……………………………………………… 112
　　　　1　労働者の権利（112）　　2　非正規労働者の人権問題（123）

第10章　平和と人権 ……………………………………………… 129
　　　　1　日本国憲法の平和主義と安全保障政策の変遷（131）　　2　平和のうちに生存する権利（137）

第11章　人権と民主主義 ………………………………………… 142
　　　　1　人権と民主的政治過程（143）　　2　裁判を通じての人権保障（150）　　3　緊急事態時の人権保障の停止（154）

あとがき

資料：日本国憲法

序　章

大震災・原発事故と人権

Intro　「あしでまといになるから、お墓に避難します」。東京電力福島第一原子力発電所の事故により、緊急時避難準備区域に指定された福島県南相馬市内に住む93歳の女性が自宅の庭で自殺した。彼女の遺書にそう記してあったという（「毎日新聞」2011年7月9日）。記事の見出しには、「原発が奪った大往生」とある。

　「死」というものを私たちはふだん、人の一生において最も重いものとして厳粛に受け止めているはずである。だが、戦争が典型であろうが、ときに人はその最も人間的といえる感受性さえ麻痺させてしまう。3月11日の晩、大津波の被害を受けた宮城県気仙沼市で、体育館に避難した女性はこう綴っている。「この夜、私の目の前で二人息を引き取った。悲しみとか、恐怖とか……、死に対して無感覚だった」「当たり前に訪れていた毎日と、普通の日々が一瞬で消え、恐ろしく無残な光景だけが残された。目の前にある現実が理解しきれなかった」(小野寺 2012：60頁以下）と。

　2011年3月11日、午後2時46分、東北地方三陸沖で大地震が発生した。地震による家屋の倒壊、土砂崩れ等に加え、北海道から千葉県に至る海岸線を大津波が襲い、東北地方を中心に甚大な被害をもたらした。東日本大震災である。そして、地震と津波の被害を受けた福島第一原子力発電所が、史上最大級の原発事故を起こしたのである。この大震災と原発事故から、人権について考えてみたい。

1　大震災という非日常があらわにしたこと

日本国憲法と人権

　一般に人権とは、「人間であることにより当然に有するとされる権利」「人間

I

として生きていくために不可欠な権利」などと教科書で説明される。私たちの国の最高法規である日本国憲法は、13条で「すべて国民は、個人として尊重される。生命、自由及び幸福追求に対する国民の権利については、公共の福祉に反しない限り、立法その他の国政の上で、最大の尊重を必要とする」と規定する。一人ひとりは、それこそ性別や性格、健康状態、価値観、ルーツなどそれぞれ異なっているが、一人ひとりが「個人」として、違いを認められ大切にされなければならない。誤解を恐れずに言うと、国家が政治を行う究極の目的は、国の発展でも経済成長でもなく、国民一人ひとりが自分らしく自由に生きていけるようにすることだ、というのである。ここでいう「国民」とは、日本国籍をもっている人ではなく、日本を生活の拠点としている人のことである。そしてもちろん、憲法とは、何よりもまず国家に対して向けられた法である。

また日本国憲法25条1項は、「すべて国民は、健康で文化的な最低限度の生活を営む権利を有する」と国民の生存権を保障し、2項で「国は、すべての生活部面について、社会福祉、社会保障及び公衆衛生の向上及び増進に努めなければならない」と、国家に対し国民の生存権を実現するよう命じている。

だが、はたして私たちの社会は、日々、一人ひとりを大切にするような社会だろうか。学校や職場でのいじめや差別にはじまり、自らの尊厳が傷つけられたり、人間らしい生活ができなくなる事態は、残念ながら数多く存在する。いや、表面化しているのはほんの一部であって、多くは隠されているのかもしれない。大震災と原発事故は、その隠されていたものをあらわにした。

「文明社会」のもろさと矛盾

私たちの日々の生活を少し考えてみたい。スイッチを入れると電気がつき、蛇口をひねると水が出、「コンビニ」等で食べ物は容易に入手できる。パソコンで瞬時に情報交換ができ、電車などの乗り物はほとんど定時に私たちを目的地まで運んでくれる。そして私たちは、その快適な生活を当然視している。

だが、大震災はその快適な生活を一転させた。たとえば、水が出なくなる、断水。ある避難場所となった学校のトイレは水洗だったため、「短時間で悲惨な状態に」なったという。飲料水や食料に比べ話題になりにくいトイレだが、

被災地から報道をつづけたあるテレビリポーターは、「取材中の一番の問題はトイレだった」「とにかく現地ではトイレに行かないように、そればかり考えていた」と言い、おにぎりではなく「カロリーメイト」の食事にしていたそうである。水が出ないということが引き起こす、リアルなそして重大な問題である。

　電気。これまた、私たちの快適な生活に欠くことのできないものであり、私たちはその一定量の確保を原子力発電所に委ねてきた。だが、あの大事故が明らかにしたことは何であったか。大量の放射能が大気に海水に放出され、原発労働者はもとより、近隣住民いや誰もが、生命と健康に対する恐怖に脅える生活を余儀なくされるようになった。日本国憲法は前文で、「恐怖と欠乏から免かれ平和のうちに生存する権利」（平和的生存権）を確認しているが、まさに今、平和的生存権が侵害されているのである。また、農地や漁場、職場を失った人、家族と離ればなれの生活をせざるを得ない人……、原発事故はあまりにも多くの人の「普通の生活」を奪ってしまった。「想定外」で済ませることができないのは当然であるが、東京電力の管理や技術の問題、原発を推進してきた政治の問題、原発を経済成長にとって不可欠とする経済界の問題、そして私たちの暮らし方の問題、などなど考えるべきことは多くかつ多層である。だが、人間が生きることそれ自体を難しくする危険性のあるものに依存して、快適な生活を求めるということが、はたして正当なことであろうか。「もう、大丈夫だろう」「関西に住む自分には降りかからない」と、思考を止めてしまっていいのだろうか。

　いずれにしろ、「文明社会」ともいえる私たちの社会が、実は、大変もろいあるいは危ういところで成り立っていることが確認できた。「文明が進めば進むほど天然の暴威による災害からの劇烈の度を増すという事実である」とは、寺田寅彦の言葉であるが（寺田 2011：12頁）、3・11大震災はそのことを明らかにした。ならば、一人ひとりが大切にされねばならない、人権という観点からすると、文明や成長や発展を手放しに求めてよいのかという、根源的な問いも提起されよう。

2　被災地での人権問題

　東日本大震災後に全国のＮＰＯ有志によって「被災者とＮＰＯをつないで支える合同プロジェクト」(「つなプロ」)が設立された。この「つなプロ」の幹事である能島裕介氏(特定非営利活動法人ブレーンヒューマニティ理事長)に被災地での人権問題について話を聞くことができた。

ベーシックニーズとスペシャルニーズ

　「災害は一定地域の市民に無差別に被害を与える」が、目が行きがちなのは、食事・衣服・居住などすべての人が必要とするもの(ベーシックニーズ(Basic Human Needs))であって、高齢者や子供・障がい者・妊産婦・病者・アレルギー保有者・外国人など特定の人々が抱える課題(スペシャルニーズ(Special Needs))はなかなか注目されない。それだけに、社会的少数者は災害時に最も大きな被害・困難に遭遇する、という。たとえば、障がい者が突然大きな声をあげる、あるいは病者が頻繁に咳をする、やむを得ないことである。だが、避難所でとなると、周囲に不快感を与え、その周囲の視線が気になって避難所を離れ、安全性の確認されていない元の住居に戻るという事例がある。阪神大震災時には、神戸市長田区で外国人に必要な情報が伝わらなかった、という問題もあった。

　能島氏によると、ベーシックニーズには政府が一定の対応を行い得る、だがスペシャルニーズについては、そもそも政府に期待することはできず、今回のように地方自治体も大きく被災した場合、一時的には地元住民の自助活動に頼らざるを得ない。だが、高齢化・過疎化が進み、地理的にも分断されたところの多い地域では、なかなか難しい。「災害は地域に潜在している課題を顕在化させる」という。情報の混乱するなか、特定の課題を抱えている被災者と専門性のあるＮＰＯとを「つなぐ」ことが必要なのである。

被災地での社会的少数者に対する憎悪

　能島氏によると、震災直後の一定期間は、被災者同士の助け合い、博愛精神が発揮された。これは外国メディアからも高く評価された、とよく語られることである。だが、ある程度時間が経つと、被災者の精神的ないらだちや焦燥感が募りだし、地域内での人間関係の悪化や、ときには社会的少数者に対する憎悪が促進される。それは、何かちょっとした不公平感を生じさせる出来事がきっかけだったりするという。

　このことが提起するのは、人権や差別にかかわる根の深い問題だと思われる。日常的な人権感覚・人権意識の問題と、差別の構造という問題と、この両面について考察を進めていきたい。

3　表出される差別意識

福島県民への差別と「風評被害」

　原発事故の後、福島県産の農産物や畜産物が「風評被害」にさらされた。事故の後、福島県内の農家や酪農家から複数の自殺者も出ている。そればかりではない。福島県から他県に避難した小学生が、「放射能がうつる」「福島県から来た」などとクラスの子どもから避けられたり、福島県民だということでアパート入居に際し難色を示されたり、ホテルの宿泊が拒否されたり、福島ナンバーの車へのガソリン給油が拒否された、といった幾多の差別事例が報告されている。もちろん、原発被災者を支えようという多くの人たちや運動が存在することも事実である。

　だが、事故にて「普通の生活」が奪われ傷ついている弱者に対し、いたわるのではなく、逆に根も葉もない差別的な視線を投げかけ、ときに行動まで起こす。このような事態や意識が存在することをどう考えたらよいのだろうか。今日の日本社会の労働環境や経済状況は厳しく、格差や貧困が問題となるなか一人ひとりの生活も総じて苦しいといえる。加えて、情報通信技術の高度化に反比例するかのごとく人間関係の希薄化が進み、自分が大切にされる場や自らの「足場」を見出しにくい状況にある。それだけに、多くの人が不安を抱き、フ

ラストレーションがたまっており、「敵」として喧伝されるもの、差別の対象が生まれたならば、その「矛先」となり集中攻撃されやすい土壌があるのではないか。大衆に不満が鬱積しているときに、差別発言を含む露骨な「どぎつい」発言を声高にする、カリスマ的な政治家に支持が集まることがしばしばある。ポピュリズム（大衆迎合主義）と呼ばれるが、それとも通底する今日の社会状況である。

監視社会化と差別

　憲法学者の西原博史は、国家が国民をまとめるその手法が変わってきたことと、国民の差別意識の関係をおおよそ次のように説明する。1980年代までの成長期において、国家は産業保護政策を進め国民に「豊かさ」を実現させることで、国家の存在意義を示してきた。だが、1990年以降、この手法が行き詰まるようになると、国家は「安全」「安心」を確保することがその目的であるという、警察中心の正当化を試みるようになる。この「安全安心国家観」の下では、市民自身が安全確保の主体となり、市民間での相互監視環境がつくられだす。そうなると、別に悪いことをしていなくとも「ヘンな奴」であること自体が社会的非難の対象となり、異質なものを排除することで安心を得ようとする意識と連動する、という。異質なものを排除することで安心を得ようとする動きは、小学生のいじめ構造の説明でよく指摘されるが、「加担しない場合に自分が排除される不安を糧にはびこるが、実は自分がいつ多数派に異質なものと見られるかわからないため、決して安心につながる道としては機能しない」（西原　2010：111頁）。

　異質なものを排除する意識は、もちろん差別意識につながる。今日の日本社会は、このような意識が表出されやすい社会なのかもしれない。広い目で見ると、封建的な身分社会から民主的な社会へと歴史は発展してきたし、人権教育も強化されてきたにもかかわらず、である。差別意識とは、人間にとって克服することのできない本来的なものなのだろうか。優越感や「下を見て安心する」という意識は、誰もがもっているものかもしれない。そして歴史的に権力者は、人々のこの「下を見て安心する」意識を権力支配に活用してきたといえる。

4　原発に見られる差別の構造

　哲学者の高橋哲哉は、原発を「かつてのヤスクニと通底するような」日本国家の「犠牲のシステム」として把握することを提唱する。「犠牲のシステム」について、高橋は「或る者（たち）の利益が、他のもの（たち）の生活（生命、健康、日常、財産、尊厳、希望等々）を犠牲にして生み出され、維持される。犠牲にする者の利益は、犠牲にされるものの犠牲なしには生み出されないし、維持されない。この犠牲は、通常、隠されているが、共同体（国家、国民、社会、企業等々）にとっての『尊い犠牲』として美化され、正当化されている」と述べる（高橋 2012：42頁）。

原発労働

　これまであまり注目されてこなかったが、原発は、日常的に健康被害にさらされている原発労働者の被曝労働を前提に成り立っている。福島原発事故は、そのことを「最悪の破局を防ぐために原発内で被曝しながら命をかけて作業している人たちがいる」という形で、明らかにした。当時の海江田万里経産相は「頑張ってくれた現場の人は尊いし、日本人が誇っていい」と称賛したが、これを高橋は「犠牲のシステム」として着目する（高橋 2012：61頁以下）。

　ところで、原発労働は多重下請け構造になっている。東電から作業員の日給は1人10万円近く出されるが、日立などのメーカーから一次・二次・三次業者へと下請けに下され、さらに派遣下請けへと行き、その都度手数料の名目でピンハネされる。そのため、末端の労働者の日給は6500円から1万数千円だとされる。また、末端労働者の多くは社会保険にも入っていない（日本弁護士連合会編 2012：59頁以下）。賃金の問題だけでなく、健康被害などで使用者が使用者責任を問われたくないため、この種の労働は多重下請け構造となる。だが、劣悪な条件でかつ被曝しながらでも、経済的弱者であるがゆえに原発で働かざるを得ない人々は少なくない。

過疎地に立地される原発

　原発労働に従事するしかない労働者がいるように、原発が立地されるのは、貧しい過疎地である。東京電力の原発は東北と新潟に集中し、関東には存在しない。危険な施設だから人口の少ないところに造り、周辺の貧しい人たちをそこで使う、という構造である。人の嫌がることやものを、貧しい人や地域に、物理的強制ではないにしろ、「押し付ける」構造はやはり差別ではなかろうか（参照、「原発と差別」週刊金曜日862号（2011年））。

5　「考える」ということ

　以上、3・11大震災と原発事故を手がかりに、そこから見えてくる人権問題について、考えてきた。もっとも、本章は何らかの結論を出そうというものではなく、あくまでも考える素材と視点を提起したにすぎない。人権問題を考えるにあたって、私は人権に対する人々の意識と、権力支配や社会の構造の両面に着目する必要があると考えている。

　最後に、「考える」ということについてである。現在は、情報が溢れ、効率性と利便性が重んじられる時代である。私たちは、一つの問題につき、立ち止まって考えじっくり論じる機会と能力を失いつつあるのではなかろうか。だが、社会に存在する問題は容易に答えることのできるものばかりではなく、ときには容易な解答が社会を思わぬ方向へ導くこともある。他者を大切にしながら自分も大切にされる、人権の尊重される社会をどう築いていくか、非常に難しい問題である。どうか自らや社会について、じっくり考え大いに論じていただきたい。

【付記】

　3・11大震災にかかわる人権問題は、震災後にもしばしば表面化し、地域社会に難問を提起している。たとえば、福島県いわき市での事件を紹介する。いわき市は3・11大震災で大きな被害を受けながらも、2万4000人の原発被災者を受け入れた。だが、人口約33万人のいわき市に原発作業員らを含めると、人口の1割に当たる約3万人が増えたのである。そのため、道路やスーパー、医療機関は込み合い、住宅は不足

した。また原発被害の賠償金に差があることなどから、いわき市民と避難住民との間に軋轢が生じていたという。そのようななか、「被災者は賠償金をもらってぜいたくしている」「(避難住民が)仮設住宅にタクシーを呼びつけて、パチンコ屋まで乗っていく」といったうわさが流れ、軋轢は増幅していく。2012年12月23日、いわき市民と避難住民とでのクリスマスイベントが開かれた後のその日の夜のことだとされる。市内の4ヵ所に「被災者帰れ」という落書きが書かれたのである。いわき市民のなかからは、「あの落書きは良いわけではない。ただ、本当にいわき(市民の気持ち)を代弁している」という声もあったという(「毎日新聞」2013年5月24日)。

　難しい問題である。災害など非常事態時に流れがちなうわさを放置したのがいけなかったのか。いわき市民、避難住民の双方に双方を思いやる気持ちが十分でなかったということであろうか、行政の対応がまずかったのだろうか。対応法も、即効性のある「対処療法」から、時間のかかる「根本療法」まであるだろう。また自分たちでできることもあるが、政治が動かなければならないこともあるだろう。人権問題には、自分たちの意識や行動だけでは解決できないものもある。だから、政治に関心をもち、政治にはたらきかけることも必要である。

　3・11大震災後、被災地復興をめぐって、日本経済のさらなる経済成長・「構造改革」の好機としたい「創造的復興」論と、一人ひとりの住民の命と暮らしを第一とする「人間の復興」論とが政治的にも鋭く対峙した(岡田 2012：110頁以下)。「人間の復興」論は、人が自分らしく生きていくこと自体の意味、まさに人権尊重を前提とした、自らの生き方や社会のあり方の問い直しを促した。だが、その後、日本社会は人権の大切にされる社会へと向かっているか。被災者の暮らしは再建されたか。大震災からずいぶん時間は経過し、2020年には東京オリンピックが開催される。人権という視点から、この国や社会のあり方も考えていきたい。

【文献】
- 池田香代子・清水修二・開沼博ほか『しあわせになるための「福島差別」論』(かもがわ出版、2018年)
- 岡田知弘「どんな復興であってはいけないか——惨事便乗型の復興から『人間の復興』へ」世界829号(2012年)
- 小野寺敬子「当たり前の毎日を奪われて」『別冊世界・破局の後を生きる』(2012年)
- 笠井信輔『僕はしゃべるためにここへ来た』(産経新聞出版、2011年)
- 高橋哲哉『犠牲のシステム　福島・沖縄』(集英社新書、2012年)
- 寺田寅彦『天災と国防』(講談社、2011年)
- 西原博史「思想・良心の自由を今、考える」ジュリスト1395号(2010年)
- 日本弁護士連合会編『検証・原発労働』(岩波ブックレット、2012年)

第 1 章

憲法と人権保障

Intro 1 以下の事例につき、「人権」という観点からすると、原告A、被告の医師B（T病院）のどちらの行動が適切だと考えるか。

Aは、「エホバの証人」の信者で、その教義に基づき、いかなる場合にも輸血を受けることは拒否するという固い意思をもっていた。そのAが68歳のとき、肝臓がんと診断され、手術を受けなければ余命は約1年と見込まれた。だが手術には輸血を伴うことがあると知らされたため、無輸血手術の実績のあるT病院にて手術を受けることにした。そのさいAは、T病院の担当医師Bに対し、輸血を受けることができないこと、および輸血をしなかったために生じた損傷に関して医師等の責任は問わないと記した免責証書を提出した（特別の条件のある診療契約（特約））。

他方T病院では、「外科手術を受ける患者が『エホバの証人』の信者である場合、信者が輸血を受けるのを拒否することを尊重し、できる限り輸血をしないことにするが、輸血以外には救命手段がない事態に至ったときは、患者及びその家族の諾否にかかわらず輸血する」という方針を採用していた。Bは、Aの手術には輸血を必要とする事態が生じる可能性があると認識していたが、Aには病院の方針も輸血の可能性も告げなかった。

さて手術を実施したところ、出血量が大量となったため、Bは輸血をしない限りAを救うことはできない可能性が高いと判断し、輸血を行った。手術後にこのことを知ったAは、医師BとT病院に対し、輸血しないという診療契約の特約に違反しており債務不履行があるとし、また精神的損害を被った（人格権が侵害された）として損害賠償を請求する訴えを起こした。

なお、Aは手術後約5年経って亡くなり、控訴審の途中から遺族が訴訟を受け継いだ。

Intro 2 日本国憲法13条は、「すべて国民は、個人として尊重される。生命、自由及び幸福追求に対する国民の権利については、公共の福祉に反し

> ない限り、立法その他の国政の上で、最大の尊重を必要とする」と規定する。他方、2012年4月に発表された自民党の「日本国憲法改正草案」は、13条を「全て国民は、人として尊重される。生命、自由及び幸福追求に対する国民の権利については、公益及び公の秩序に反しない限り、立法その他の国政の上で、最大限に尊重されなければならない」と改めるという。立憲主義という観点からすると、両者の違いにはいかなる意味があるのだろうか。

1　立憲主義と個人の尊重

憲法と立憲主義

　憲法とは一般に国家の基本法、国家の最高法と考えられており、「構成、組織、構造」を意味する英語の constitution の訳語として、日本では明治初期に採用された。領土と人と権力（統治権）が国家の三要素とされるが、この国家の存在を基礎づけるとともに、基本的な政治の仕組みを定めた法が憲法ということになる。ところが、「憲法」という語は、近代市民革命を経て独特の意味をもつようになる。

　ヨーロッパでは歴史上、国王があらゆる権力を独占した絶対王政期という時期が存在した。当時、国王の権力は神から与えられたものであり、人々はそれに従わなければならないという王権神授説が唱えられた。しかし力をつけだした市民たちは、この絶対王政に反発し、やがては自由や平等、政治への参加を求めて市民革命を成し遂げるのである。イギリスでの清教徒（ピューリタン）革命（1642年）、名誉革命（1688年）、アメリカでの独立革命（1776年）、フランス革命（1789年）などが主要な近代市民革命である。ところで、このような革命を支えた理念も重要である。たとえばホッブズ（1588～1679年）は、社会や国家のつくられる前の自然状態を想定し、そこでは「万人の万人に対する闘争」が生じるとし、それを抑止するために人々は契約により国家に権力を授けるという考えを示した。またロック（1632～1704年）は、自然状態において人々は生命・自由・財産といった自然権をもち、それらを確実に保全させるために契約を結んで国家をつくると説いた。このような社会契約説からロックは、国家

が自然権を侵すようなことがあれば、人々には抵抗権や革命権が生じる、と説いたのである。

近代市民革命のなかで、イギリスの権利章典（1689年）、アメリカのヴァージニア権利章典・独立宣言（1776年）、フランス人権宣言（1789年）などが出され、人々が生まれながらにもつ自由や平等といった人権が確認されたのである。そしてこのような人権を保障するとともに、そのための権力分立や国民の政治参加を制度化した憲法が誕生する。

近代市民革命を経て登場した憲法とは、国民が国家に権力を授けるとともに、国家権力を制限し国民の人権を保障することを本質とする。そのことは、「権利の保障が確保されず、権力の分立が定められていない社会は、すべて憲法をもつものではない」と定めたフランス人権宣言16条に明確に示されている。このような憲法に基づいて政治が行われることを立憲主義という。

個人の尊重、個人主義

日本国憲法は、立法権を国会に（41条）、行政権を内閣に（65条）、司法権を「最高裁判所及び法律の定めるところにより設置する下級裁判所」（76条）に授権するとともに、憲法99条で「天皇又は摂政及び国務大臣、国会議員、裁判官その他の公務員は、この憲法を尊重し擁護する義務を負ふ」と定め、歴史的に権力を担ってきた天皇や摂政、そして現在の権力者に「憲法尊重擁護の義務」を課している。その一方で、11条から40条にかけて詳細な人権保障規定をおいており、日本国憲法はまぎれもなく立憲主義に基づく憲法といえる。

日本国憲法の人権保障規定の核心原理といえるのが、憲法13条の規定する「個人の尊重」、いわゆる個人主義である。個人主義について、戦後日本の憲法学は次のような理解を前提としてきた。すなわち、「人間社会における価値の根元が個々の人間であるとし、何よりも先に個人を尊重しようとする原理をいう。個人主義は、一方において、他人の犠牲において自己の利益のみを主張しようとするエゴイズムに反対し、他方において、『全体』というような個人を超えた価値のために個人を犠牲にしてかえりみない全体主義に反対し、すべての個々の人間を自主的な人格として平等に尊重しようする」ものである（宮沢

1965：221頁）。

　ここからいくつかのメッセージを引き出すことができる。第一に、個人主義は戦前の「滅私奉公」的な全体主義への対抗原理であるが、同時にエゴイズムや利己主義とも異なるということである。個人主義は一人ひとりが自らを生きること自体に価値があるとするのであって、個人の生は国家や他者の手段や道具ではないということである。また「自分も一人の人間として大切にするとともに、他者も一人の人間として大切にする」とする点で利己主義とは決定的に異なる。このような一人ひとりの個人を出発点にして、その個人がつながり協力することで社会をつくると想定するのであって、社会や国家が先にあってその中に個人がいる、あるいは個人は国家のために尽くすべきとの発想とは、ベクトルが逆である。

　第二に、個人は性別や性格、健康状態、価値観、教育環境、民族、ルーツ、宗教などそれぞれ多様であり、だからこそ人によっては、なかなか他者には理解されないような「譲れないもの」「これを失ったら自分が自分でなくなってしまうようなもの」をもっている。 Intro 1 の事例で、原告Aに対しては、「命を失ってまで守るべき教義などあるのか」「命があってこその信仰だろう」と考える人も多いかもしれない。そのようななか、この事件で東京高裁は「人が信念に基づいて生命を賭しても守るべき価値を認め、その信念に従って行動すること……は、それが他者の権利や公共の利益ないし秩序を侵害しない限り、違法となるものではな」い（東京高判1998・10・2）、と述べている。「公共の利益ないし秩序を侵害しない限り」としている点には問題もあるが、注目すべきであろう。

　第三に、そのような個人は、民族なり宗教団体なりサークルなり様々なコミュニティに所属しているであろう。だが個人主義からすると、他者をその「所属」や「属性」に着目するのではなく、あくまでもその個人と接することが求められることになる。もっとも、一人ひとりの有する価値や「譲れないもの」は、自らの属する環境の影響を受けて形成されるものであり、個人をその所属と切り離して考えることができるのか、個人主義は共同体を否定するものなのか、という論点は重要である。個人主義が「家」などの共同体から個人を

解放するところに、その眼目があったことは確かである。しかし一人の個人が自らのアイデンティティを確立していくうえで、当人の属する文化や環境は、ときに個人を支え、ときに格闘対象となる極めて貴重なものである。大切なことは、個人が共同体に埋没するのではなく、そこからの離脱を選択する自由を含め、個人の主体的意思を出発点とすることである。そのうえでの共同体は個人主義とも整合するのではなかろうか。この論点については、本書でも引き続き考えていきたい。

2　人権の私人間適用

直接適用説と間接適用説

　憲法の人権規定は、もともとは国家権力に対して向けられたものであり、また近代市民社会は、いわゆる私的自治の原則により私人と私人の問題について、国家権力は原則立ち入るべきでない、とされてきた。もっとも人権の侵害は国家権力だけでなく私人によってもなされるし、とりわけ資本主義の発達、工業化や情報化の進展により、企業や労働組合、マスメディアといった「社会的権力」による人権侵害が大きな問題となってきた。そこで、私人による人権侵害に対しても憲法の人権規定を何とか適用すべきとの議論がなされてきた。

　日本国憲法には、奴隷的拘束及び意に反する苦役からの自由（18条）、児童酷使の禁止（27条3項）、労働基本権（28条）など、私人に対しても向けられていることが明らかな規定があり、これら規定について私人が違反した場合は違憲となる。問題はその他の人権についてであるが、学説上は直接適用説と間接適用説に大別できる。

　直接適用説は、憲法の人権規定を私人間にも直接適用されると説く。だがこの説に対しては、私的自治の原則が広く害されるのではないか、本来最も警戒すべき国家権力による人権侵害への批判的視点が弱くなるのではないか、という問題が出されている。他方、間接適用説は、私人間を律する民法の一般条項である90条の公序良俗条項（「公の秩序又は善良の風俗に反する事項を目的とする法律行為は、無効とする」）を、憲法の趣旨を取り込んで解釈・適用することに

よって、間接的に私人間の行為にも憲法を適用しようというもので、通説・判例の立場である。

三菱樹脂事件

大学卒業後、大手商社に採用された原告が、在学中の学生運動歴について入社試験時に虚偽の申告をしたとして、3ヵ月の試用期間終了時に本採用を拒否され、思想の自由（19条）の侵害、「信条」による差別（14条）に当たらないかが争われた。一、二審で原告は勝訴したが、最高裁は、憲法の各規定は「もっぱら国または公共団体と個人との関係を規律するものであり、私人相互の関係を直接規律することを予定するもの」ではなく、私人間における相互の矛盾や対立は、「原則として私的自治に委ねられ、ただ、一方の他方に対する侵害の態様、程度が社会的に許容しうる一定の限界を超える場合にのみ、法がこれに介入しその間の調整をはかるという建前がとられている」とし、「社会的に許容しうる限度を超えるとき」は、民法1条・90条や不法行為に関する諸規定等の運用によって解決できると、間接適用説に立った。そのうえで、企業は雇用の自由を有し、「特定の思想・信条を有する者をそのゆえをもって雇い入れることを拒んでも、それを当然に違法とすることはできず」、また、「労働者の採否決定にあたり、労働者の思想・信条を調査し、そのためその者からこれに関する事項についての申告を求めることも」違法ではない、と判示した（最大判1973・12・12）。絶対的に保障されるべき思想・信条の自由につき、大企業と学生という両者の力関係を考慮することなく、私人間ゆえに侵害も許されるとする最高裁の立場に対し、学説からは批判が強い。

日産自動車事件

かつて日産自動車株式会社は、就業規則において定年年齢を男子55歳、女子50歳と定めていた。そこで、満50歳となり退職を命じられた女性職員の原告が、このような差別的な定年制度は男女平等に反し違法であると訴えた。最高裁は、「就業規則中女子の定年年齢を男子より低く定めた部分は、……性別のみによる不合理な差別を定めたものとして民法90条の規定により無効であると

解するのが相当である」と判示した（最判1981・3・24）。これも間接適用説に立つものだが、学説からはおおむね支持されている。

3　新しい人権

解釈による新しい人権の保障

　日本国憲法は14条以下で、個別の人権を詳細に規定しているが、それですべてが網羅されているわけではない。また「人間として生きていくために不可欠な権利」は、時代の進展に伴って、新たな形のものとして要求されることがある。プライバシーの権利、環境権、知る権利などは日本国憲法には明記されていないが、高度経済成長期以降の社会の変化に伴って要求されるようになった。もちろん、これらの権利を憲法改正によって明記するというのは一つの手法であるが、憲法改正の手続き的な難しさに加え、日本国憲法には「生命、自由及び幸福追求に対する国民の権利」（13条）という人権を総称する規定があることから、国民意識と国民の運動を前提に、現憲法の解釈によって導くという手法がとられてきた。

　憲法13条の幸福追求権について、主な学説は「『個人の尊重（尊厳）』原理を受けて、人格的自律の存在として自己を主張し、そのような存在であり続けるうえで重要な権利・自由を包括的に保障する権利（包括的基本的人権）」（人格的権利説）と解している（佐藤　2011：176頁）。人格的自律を強調する立場の背景には、「個人の自立と自律を前提とし、自己決定の結果に責任を負いつつ公共社会をとりむすぶ」（樋口　2004：53頁）という人間像を描く。

　他方、幸福追求権をあらゆる生活活動領域に関して成立する「一般的な行動の自由」と解する立場（一般的自由権説）も存在する（戸波　1996：1頁）。この説は、人権が人格的自律や人格的生存を不可欠とすることに批判的であり、そもそも人間を人格的存在と想定すること自体に疑問を投げかける（石埼　2000：49頁以下）。たとえば戸波江二は、日本国憲法の前提とする人間像につき、「理念的には自律的に行動する理性的な個人にとくに重きを置きつつも、現実の社会のなかで生きている社会的弱者をも広く視野に入れ、人間存在そのものを前提

にしていると解すべきである」(戸波 1996：11頁)と主張する。もっとも一般的自由権説に対しては、人権は思想史的に一定の輪郭があるはずとの原理的な批判や、「人権のインフレ化」を招くのではないかといった実践的な批判が出されている。

幸福追求権から導かれるプライバシー権

　いずれにしろ今日では、たとえばプライバシーの権利が幸福追求権から導かれることは広く判例も認めており(たとえば、デモ行進時に警察がそれを撮影したことが問題となった「京都府学連事件」にて、最高裁は「何人も、その承諾なしに、みだりにその容ぼう・姿態……を撮影されない自由」を「憲法13条の趣旨」から認めている(最大判1969・12・24))、プライバシー権はもはや権利として法的に確立しているといえる。

　また、妊娠・出産・妊娠中絶などリプロダクションにかかわる事柄、自殺・安楽死・治療拒否など自己の生命・身体の処分に関する事柄、髪形や服装などライフスタイルにかかわることがらについて、公権力から干渉されずに自ら決定する自己決定権も、それらをプライバシー権に含むか、それとも独立した別個の権利とするかで争いはあるものの、幸福追求権から導かれるものと考えられる。

知る権利

　知る権利は、情報を国家とマスメディアが独占するなかで、はたして国民の本当に必要とする情報が、国民に十分提供されているのか、という問題から生じた権利である。国民主権を実質化するためには、情報が公開されることは不可欠であり、国民主権原理から知る権利を導く立場がある。また憲法21条の表現の自由から導く立場も有力である。表現の自由をはじめとする精神活動は、他者から思想や意見・情報を得ながら自身で思考することによって自らの主張をもち、それを発することで他者に影響を与え、また自らにも返ってくるという一連の連鎖であり、表現の自由の意図するものとはその連鎖を保障することだとする。それゆえ、ただ発する自由だけでなく知る権利も表現の自由の構成

要素だというのである。このような知る権利の展開によって、多くの自治体では情報公開条例を定めて情報公開制度を整備し、また国も知る権利とは明記していないものの、情報公開法を制定した。

4　人権の限界

「公共の福祉」

　個人主義の下では、自分に「譲れないもの」があるように、他者にもそういったものがあり、それを互いに尊重することが求められる。すなわち、人権とは「やりたい放題に何をしてもかまわない」というものではない。1789年のフランス人権宣言4条が「自由は、他人を害しないすべてをなしうることに存する」と述べるように、人権という概念には、他者との関係での制約がはじめから当然のものとして備わっているのである。

　人権を制約する日本国憲法上の根拠となるのが「公共の福祉」であるが、人権を制約するものだけに明確に限定されなければならない。日本国憲法のなかで、「公共の福祉」は4ヵ所で用いられている。人権の原則規定である12条と13条、そして経済的自由を保障した22条・29条においてである。前者は、人権の制約は具体的な他者の人権を害する場合、すなわち①他人の生命や健康を害する、②他人の人間としての尊厳を害する、③他人の人権と衝突する、といった場合にのみ、制約が許されるとする。後者は資本主義の発展に伴う弊害に対処する、生存権保障や弱者保護、調和的な経済発展のための制約原理と解されている。このような理解は、個人主義と整合し、かつ福祉政策や環境・平和政策といった国民の民主的な要求に基づく「公共」を促すものといえる。

「日本国憲法改正草案」の問題点

　Intro 2 にあるように、2012年に発表された自民党の「日本国憲法改正草案」（以下、改憲草案）は、この「公共の福祉」を「公益及び公の秩序」に改める。「公益及び公の秩序」なるものの内容が不確定なだけに、社会の多数派によって形成されたり、国家によって設定される可能性がある。それゆえ、国の政策

遂行のために個人の人権が制限されたり、場合によると国政批判までもが封じ込められる根拠規定となりかねない。

　改憲草案は、その前文で「日本国民は、国と郷土を誇りと気概を持って自ら守り、基本的人権を尊重するとともに、和を尊び、家族や社会全体が互いに助け合って国家を形成する」と述べる。13条も「個人」としてから「人」としてに改める点と相まって、国民を多様な価値を有する「個人」ではなく、「人の道」に反さず「和を尊ぶ」存在と想定するのである。だとすると、たとえば卒業式にて自らの「譲れないもの」として「君が代」の斉唱を拒む者が、「和を尊ばない者」として「公益及び公の秩序」に反する存在とみなされる可能性はないだろうか。他方で、改憲草案は「公共の福祉」を22条から削除することで、福祉政策からの撤退、あるいは国民の民主的な「公共」形成を阻害しかねない。

　改めて個人主義や憲法13条の今日的意味について考えたいものである。

5　個人の自己決定か生命の尊重か？

　Intro 1 について、個人主義に基づく人権尊重の考え方からすると、最高裁が述べたように「患者が、輸血を受けることは自己の宗教上の信念に反するとして、輸血を伴う医療行為を拒否するとの明確な意思を有している場合、このような意思決定をする権利は、人格権の一内容として尊重されなければならない」ということになろう。また、医師は医療行為を行うにあたって、事前に治療内容等について患者に説明し同意を得る手続（インフォームド・コンセント）をとらなければならない。だがこの事例において、医師は、患者に輸血の可能性を説明すると患者が手術自体を拒否することもあり得るとして説明しなかったという。この点について最高裁は、輸血以外に救命手段がない事態に至ったときには輸血するとの方針をとっていることを説明したうえで、A自身の意思決定に委ねるべきであったと解するのが相当だ、と述べている。そして最高裁は、医師が説明を行わなかったことは、Aの意思決定をする権利を侵害する不法行為であるとして損害賠償を命じたのである。この判決は、学説からもおお

むね評価されている。

　しかし、医師という人の生命・健康を維持・保全する業務に従事する者として、救える命を救うために最善を尽くすことは当然であるという意見もあろう。あるいは、「あなた自身のためにならないからという理由で権力が後見的に（パターナリスティックに）その人の生に干渉すること」は、いかなる場合も許されないのであろうか。当人の自己決定よりも権力者や専門家の判断を重視するパターナリズムは、一概に批判されるべきであろうか。人格的自律を強調する佐藤幸治は、とりわけ未成年者を念頭に「『自己加害』に対する制約」について、「人格的自律そのものを回復不可能なほど永続的に害する場合には、例外的に介入する可能性を否定しきれない」として「限定されたパターナリスチックな制約」を認めている（佐藤 2011：135頁以下）。とりわけ今回問題になっているのは、生命であり人格的自律の根源といえるものである。また生命は、当然ながら当人の意思によって生み出されるものでない、両親をはじめとする先祖から継承され、さらに子孫へと継承されるという個人の自己決定を超越するものともいえよう。

　人権問題に必ずしも答えがあるわけでない。多様な価値観が対立することはもちろんある。今回のように、人権を考えるにあたって生命をどう見るか、という極めて難解な問題をも視野に入れなければならないこともあるのである。

【文献】
- 石埼学「僕らの生きる苦しさと人権論―憲法学における人権論の解体のために」憲法理論研究会編『憲法理論の再検討』（敬文堂、2000年）
- 浦部法穂『憲法学教室第3版』（日本評論社、2016年）
- 佐藤幸治『日本国憲法論』（成文堂、2011年）
- 戸波江二「幸福追求権の構造」公法研究58号（1996年）
- 宮沢俊義『憲法Ⅱ』（有斐閣、1965年）
- 棟居快行・松井茂記・赤坂正浩・笹田栄司・常本照樹・市川正人『基本的人権の事件簿―憲法の世界へ第5版』（有斐閣、2015年）
- 樋口陽一『国法学―人権原論』（有斐閣、2004年）

第 2 章

法の下の平等

Intro 1 フリーのライターをしている女性の友人から次のような相談を受けた。彼女には結婚を前提に付き合っている人がいるのだが、その彼は、「結婚をしたら、男である僕の名字に君もなってくれるよね」と当然のように言うのだと。だが、彼女はライターとしてそれなりに有名になってきているし、何よりもこれまで30年間、彼女はこの名字・名前で生きてきたのであって、名字を含めて名前は、まさに彼女にとって「自分自身」なのだと。さて、どう応じたらよいだろうか。

Intro 2 かつて民法733条は、「女は、前婚の解消又は取消しの日から6箇月を経過した後でなければ、再婚をすることができない」と、女性にだけ6ヵ月の再婚禁止期間を定めていた。「明らかな女性差別で、憲法14条に反する」という声もある一方、「女性が離婚直後に再婚をし、妊娠した場合、その子が前の夫の子なのか、現在の夫の子なのかで紛争が生じるのを防ぐためのやむを得ない措置だ」という声もある。子どもについて民法772条は、1項で「妻が婚姻中に懐胎した子は、夫の子と推定する」と定めたうえで、2項で「婚姻の成立の日から200日を経過した後又は婚姻の解消若しくは取消しの日から300日以内に生まれた子は、婚姻中に懐胎したものと推定する」と規定している。女性の再婚禁止期間について、どう考えるべきだろうか。

1　平等の意味

平等の観念の歴史

　平等は自由とともに、封建的身分制を打破し、近代立憲主義を確立する理念であった。しかしながら平等の観念は、とりわけ自由との関係で、歴史的変遷

をとげる。近代立憲主義の確立期に当たる19世紀には、国家権力への警戒と市場への信頼から、国家の役割を必要最小限度に制限することで、個人の自由を保障しようと考えられていた（自由国家・夜警国家・消極国家）。したがってそこでは、平等は、すべての個人に均等に自由な活動を保障するという形式的平等（「機会の平等」）として観念されていた。つまり、各人の能力差や努力の違いによって生じる結果の違いは「自己責任」の問題であって、国家の関与することではないとされたのである。

ところが資本主義の発達に伴い、持てる者と持たざる者との格差がますます拡大し、またそもそも生まれながらにして経済的格差が歴然と存在するようになると、国家がこれらの格差や「結果の不平等」を「自己責任」として放置することの妥当性が問われる。そこで、実際に存在する不平等を是正し、実質的平等（「結果の平等」）の実現を目指すことも国家の役割として理解されるようになる（社会国家・福祉国家・積極国家）。20世紀の国家には、社会的・経済的弱者をより厚く保護することが求められるのである。

このように、平等の観念は、形式的平等から実質的平等へと発展してきたといえる。しかし、「自己責任」に基づく自由な競争が社会を活性化させると考える立場は、努力をした者や才能のある者とそうでない者との間に差があるのは当然だとし、実質的平等に批判的である。1980年代後半以降、財政危機が問題化するなか、各人の「自己責任」を強調し、再び国家の役割を縮小しようとする、いわゆる新自由主義という潮流も見られる。この潮流は、グローバル化が進行するなか、「国際競争力の強化」を至上命題とする財界の要求とも合致した。

実質的平等をどこまで実現するかという問題は、自由と平等との関係をどう捉えるか、という非常に困難な問題に行きつく。たしかに、実質的平等の下、完全な「結果の平等」を実現することは、個人の自由を制限することにもつながる。しかし、人間としてギリギリの生活すらできない人を生みだすような自由競争社会を国家が放置することも許されない。また現実に大きな格差が存在する限り、そもそも競争のスタートライン自体に差があり、正当な競争自体が成り立っていない。したがって今日、実質的平等という考え方を抜きにして平等の意味を論じることは適切でない。

アファーマティブ・アクション

　アメリカをはじめ欧米では、「機会の平等」の実質的確保という観点から、歴史的に差別を受けてきたグループ、特に黒人や女性に対し、大学入学や雇用等につき特別枠を設けて優先的に処遇を与える、積極的差別解消策、アファーマティブ・アクションあるいはポジティブ・アクションが立法等を通じて進められてきた。日本で行われてきた、被差別部落解消のための同和対策事業やアイヌ文化の振興に向けた政策、女子のみに入学を認める国立大学の設置などが積極的差別解消策といえるであろう。もっともこのような施策も、行き過ぎると「逆差別」として平等違反になったり、かえって差別を固定化する、あるいはスティグマ（劣性の烙印）の弊害が生じるといった指摘がある。アファーマティブ・アクションをめぐっては、時代状況も含め個別の判断が必要となるが、最近では多様性をいかに確保するか、という議論も求められている。

憲法14条1項の平等

　日本国憲法14条1項は、「すべて国民は、法の下に平等であつて、人種、信条、性別、社会的身分又は門地により、政治的、経済的又は社会的関係において、差別されない」と規定する。この規定は、国家が特定の人を有利に扱ったり、不利に扱ったりすることを禁じるものである。もっともこのことは、すべての人を機械的に一律同等に扱えという絶対的平等を意味するものではない。人にはそれぞれ、性別、年齢、健康状態、能力、財産・収入など様々な点において違いがあり、この違いを無視して同等に扱うと、かえって不合理な結果をまねく。とりわけ実質的平等という考え方からすると、財産や収入の差にもかかわらず、あらゆる人から同額の税を徴収することは、明らかに不合理である。つまり、憲法が要請している平等とは、国家は各個人の違いに応じて等しく扱えという相対的平等なのである。

　判例も、憲法14条の平等の要請を「国民に対し絶対的な平等を保障したものではなく」、「事柄の性質に即応した合理的な根拠に基づくものでない限り、差別的な取扱いをすることを禁止する趣旨」と理解している（最大判1964・5・27）。したがって、たとえば労働条件について妊娠中の女性等を保護するといったこ

と（労基法64条の2以下）が、ただちに違憲となるわけではない。そのような措置が「合理的な根拠に基づくもの」であるか否かは、その目的とともにその手段も含めて、個別に検討されることになる。

　ところで、身長・体重・体力に関する事由や住居移転を伴う配置転換に応じることを要件とすることは、形式的には性中立的であるが、実質的には性差別を生みだす。これらを「間接差別」として、その禁止を求める議論や施策が進められている。2006年6月成立の改正男女雇用機会均等法7条は、「労働者の性別以外の事由を要件とするもののうち、……実質的に性別を理由とする差別となるおそれがある措置として厚生労働省令で定めるもの」を禁止している。

14条1項列記事由

　憲法14条1項は「人種、信条、性別、社会的身分又は門地により、差別されない」と、5つの事由を列記している。もともと人類学上の身体面での遺伝的特徴に基づく区分である人種については、アメリカでの黒人差別問題が象徴的であり、国連は1965年に人種差別撤廃条約を採択した。民族は人種と同じではないが同様の問題として、日本では、アイヌ民族をめぐる問題や在日コリアンの問題が重要である。信条は、宗教上の信仰にとどまらず、広く思想的・政治的な主義も含むと解される。

　戦前日本の家制度の歴史との関係で未解決な問題が多いのが、性別による差別である。この問題は次節で扱うが、近年、生物学的・肉体的性差であるセックスと、社会的・文化的に形成された性差であるジェンダーとを区分し、とりわけ後者による差別は絶対に許さないとする見解が有力に主張されている。さらに、性的マイノリティ（LGBTなど）に対する差別も問題である。今でも「女は子どもを産んで一人前になる」といった差別的言説が存在するなか、そもそも法律を含む制度が性的マイノリティを生きづらくしており、その制度がこのような言説を生んでいることを認識すべきであろう。

　社会的身分とは、一般には「人が社会において一時的でなく占めている地位で、自分の力ではそれから脱却できず、それについて事実上ある種の社会的評価が伴っているもの」と解され、被差別部落出身といったことがこれにあたる。

部落差別問題は、日本の旧身分制度に由来する不合理な差別であり、その解消に向けて人権教育や人権啓発事業が進められてきた。しかし今日でも、結婚差別や就職差別、さらにはインターネット上での差別事件が発生している。社会的身分には、婚外子たる地位や尊属・卑属といった地位もあたるという主張もある。最後の門地とは、家柄のことである。

さて、差別が禁止されるのはこの5つの事由に限定されるとする（制限列記説）か、この5つの事由は例示的なものにすぎないとする（例示列記説）かが問題となる。列記事由以外でも、不合理な差別は当然禁止されるべきであるが、列記されているものは、人種・性別・社会的身分・門地といった人の生まれによって決定され、自分の力では脱却できないまさに「所属」によるものであり、また信条のように個人のアイデンティティと不可分でかつ民主主義の基盤となるものである。このようなものによる差別は、原則として許されないとすべきである。

2　明治民法下の家制度と日本国憲法

明治民法下の家制度

1871年、明治政府は、「臣民」を把握する手段として、また徴兵・徴税を目的に、家族を「戸」の単位で編成する戸籍法を制定した。そして1898年には、武士社会の家族を理念とした「家」制度を家族法の中心におく明治民法が制定される。

当時の家族は、農業などの生産団体であったことから、家族の存続は重要な関心事であった。この「家」は戸主とその家族で構成され、戸主は家族を統率する強い権限をもち、家の財産をすべて管理し、家族の婚姻や養子縁組に対する同意権をもつとともに、自己の親や祖父母など直系尊属を扶養する義務が課されていた。相続について、家の財産と戸主の地位は、その長男だけが継ぐという家督相続制度が定められていた。このような「家」の名称が氏となる。また明治民法788条1項が「妻ハ婚姻ニ因リテ夫ノ家ニ入ル」と定めるように、妻にとって夫や夫の両親を扶養し、家の跡継ぎを生み育てることが重要な使命となり、女性には特定の生き方が強要されていたのである。つまり明治民法下

の日本の「家」制度は、儒教的な家父長制度に基づき、一方で長幼の序と結びついた忠孝の考え方と、他方で男尊女卑という性差別の考え方とから成り立っていたとされる。

日本国憲法における家族

　日本国憲法24条の起草に関わったのは、終戦直後、ＧＨＱ民生局のスタッフの一人で当時22歳の女性、ベアテ・シロタである。ウィーン生まれで、現ウクライナ人の両親をもつベアテ・シロタは、ピアニストの父の仕事の関係で5歳の時に来日し、約10年間日本で過ごす。そして戦前の日本にて、「女性が全然権利を持っていないこと」を目の当たりにしたのである。

　憲法24条は、1項で「婚姻は、両性の合意のみに基いて成立し、夫婦が同等の権利を有することを基本として、相互の協力により、維持されなければならない」と定め、2項で「配偶者の選択、財産権、相続、住居の選定、離婚並びに婚姻及び家族に関するその他の事項に関しては、法律は、個人の尊厳と両性の本質的平等に立脚して、制定されなければならない」と規定する。戦前の「家」制度を解体することによって、女性の個人としての尊重を確保しようとしたのである。憲法24条に則って、1947年には親族・相続に関する民法4・5編が全面改正され、姦通罪を廃止するなど刑法も改正された。

　しかし、現行民法の733条が女性にのみ再婚禁止期間を課していることや、750条が夫婦同氏制を定めていることには批判も出されている。現在でも、家族関係の登録制度として、一組の夫婦及びこれと氏を同じくする子どもごとに編纂する戸籍制度が、戦後の必要最小限度の改正がなされただけで存在している。また冠婚葬祭の場では、旧来の「家」制度の慣行も残存している。

3　法の下の平等をめぐる裁判

　Intro 1 の相談には、いくつかのレベルで応じることができるだろう。まず、結婚と名字について、民法750条は、「夫婦は、婚姻の際に定めるところに従い、夫又は妻の氏を称する」と夫婦同氏制を定めているが、夫の氏に称することを

求めているものではない。彼女の氏を称してもいいのだから二人でしっかり話し合うべきだ、といえるだろう。また彼女の名前に対する思いを彼に理解してもらうことは大切だろうし、何よりもこのように大事な問題について「当然のように」話す彼の態度に対しては一言いっておいた方がいいだろう。あるいは、ライターとしてはペンネームあるいは通称としてこれまでの氏名でやっていく、ということも可能であろう。

　二人で話し合ったが、双方ともに名字を変えたくないということであれば、婚姻届は出さず法律婚はしないで、事実婚という形で結婚生活をするという道もあるだろう。しかし、さらに突き詰めると、当人同士だけでは解決できない法制度上の問題があることも考えたい。何ゆえ、日本は夫婦同氏制なのか。この制度によって、人権が侵害されている、すなわち憲法に違反するということになれば裁判を通じてこの法制度の問題性を確認し救済を求める道や、多くの人に働きかけてこの制度の問題性に共感してもらう世論をつくり、国会での法改正を促す道もありうる。人権問題は、私たちの意識のレベルや当人同士の話し合いで対応できることもある。しかし実は、法律や制度を改めるなど、政治を通じて社会的に取り組まなければならないことも多いのである。

違憲審査の基準
　ある異なった取扱いが、憲法上禁止される「差別」か、憲法上許される「合理的な取扱い上の違い」か、をめぐっては、その異なった取扱いの根拠とその対象となる権利・利益の性格とを吟味する必要がある。たとえば、男性にしか選挙権を認めないという選挙制度と、累進課税制度とではそもそも審査の仕方そのものを変える必要がある。そのさい、14条列記事由と当該権利の性格を手掛かりとしつつ、そのような異なった取扱いをする目的と、目的達成の手段の二つの側面から判断することが妥当であろう。

　まず、異なった取扱いの根拠が、人種、信条、性別といった、14条列記事由に基づくものであるならば、その取扱いは憲法違反ではないかと相当踏み込んで審査すべきである（「厳格な基準」あるいは「厳格な合理性の基準」）。すなわち、その目的が「やむにやまれぬ」重大なもので、かつ目的達成の手段が必要不可

欠なものか、それ以外のより負担をかけない手段では目的を達成することはできないのか、といった審査が求められる。また、そのような取扱いの違いが憲法違反でないことを、公権力など施策を行っている側が立証しなければならない、とすべきである。

次に、その対象となる権利が、表現の自由や選挙権など民主主義の前提になるものであれば、やはり「厳格な基準」で審査されるべきである。他方、累進課税制度など14条列記事由を根拠にするわけでもなく、また民主主義の前提とはいえないような場合については、目的に何ら理由がありまた目的達成の手段も合理的であれば、許されると解してよいであろう。

尊属殺重罰規定違憲判決

普通殺人について刑法199条は、「人を殺した者は、死刑又は無期若しくは5年以上の懲役に処する」としているのに対して、かつてあった刑法200条は「自己又ハ配偶者ノ直系尊属ヲ殺シタル者ハ死刑又ハ無期懲役ニ処ス」と、普通殺人に比べて尊属殺に重罰を科していた。このような取扱い上の違いは法の下の平等に反さないのであろうか。当初、最高裁は「夫婦、親子、兄弟等の関係を支配する道徳は、人倫の大本」であるとの立場から、刑法200条が平等原則に違反しないことは明らかである、としていた（最大判1950・10・25）。

しかし、1973年、実父に夫婦同様の関係を強いられ、実父との間に数人の子まで生んだ被告人が、虐待にたまりかねて実父を殺害し自首した事件で、最高裁は刑法200条を違憲無効とし、刑法199条の普通殺人罪を適用して2年6ヵ月の懲役、執行猶予3年の刑を言い渡した（最大判1973・4・4）。

この事件で最高裁の8裁判官の多数意見は、「尊属に対する尊重報恩は、社会生活上の基本的道義というべく、このような自然的情愛ないし普遍的倫理の維持は、刑法上の保護に価する」と、立法目的は合理的であるとした。しかし、「加重の程度が極端であって、……立法目的達成の手段として甚だしく均衡を失し、これを正当化しうべき根拠を見出し得ないときは、その差別は著しく不合理なもの」として違憲となるとし、「刑法200条は、尊属殺の法定刑を死刑または無期懲役刑のみに限っている点において、その立法目的達成のため必要な

限度を遥かに超え、普通殺に関する刑法199条の法定刑に比し著しく不合理な差別的取扱いをするものと認められ、憲法14条1項に違反して無効である」と判断した。つまり多数意見は、目的達成の手段が不合理だとしたのである。それに対し、6裁判官は立法目的それ自体を違憲だとし、1裁判官は目的達成の手段も合理的だとしている。

　違憲審査の基準は、尊属たる地位が14条列記の「社会的身分」にあたると解するか否かによって変わってくる。しかしそもそも、尊属に対する尊重報恩といった特定の倫理観を法律で強要することが妥当であろうか。しかもそのような倫理観は、日本国憲法が否定したはずの封建的な「家」制度に基づくものではないのか。これらを考えると、立法目的それ自体が不合理だったといえよう。なお、国会は20年以上たった1995年、刑法改正によって200条と205条2項を削除している。

民法750条の夫婦同氏制

　夫婦同氏制を定める民法750条に対しては、氏名は個人の人格の象徴であって、夫婦同氏制は憲法13条の保障する「氏の変更を強制されない自由」を侵害する、実際には96％以上の夫婦が夫の氏を選択しており、この制度が性差別を助長するもので憲法14条の平等原則に反する、夫婦の一方が氏を改めることを婚姻届出の要件としていることは、憲法24条の「婚姻は、両性の合意のみに基いて」という婚姻の自由を侵害する、といった批判がなされてきた。

　2011年に原告5人が提訴した国家賠償請求訴訟にて、最高裁は以下のように原告の主張を斥け、請求を棄却している（最大判2015・12・16）。最高裁は、「氏名は、社会的にみれば、個人を他人から識別し特定する機能を有するものであるが、同時に、その個人からみれば、人が個人として尊重される基礎であり、その個人の人格の象徴であって、人格権の一内容を構成するというべきである」と、従来からの立場を繰り返す。にもかかわらず、現行の法制度の下における氏の性質等に鑑みると、婚姻の際に「氏の変更を強制されない自由」は、憲法上の権利として保障される人格権の一内容とはいえないとして、憲法13条に違反しない、とする。また、「本件規定は、夫婦が夫又は妻の氏を称するも

のとしており、夫婦がいずれの氏を称するかを夫婦となろうとする者の間の協議に委ねているのであって、その文言上性別に基づく法的な差別的取扱いを定めているわけではな」いとして、憲法14条1項に違反するものではないとした。さらに、「夫婦同氏制の下においては、子の立場として、いずれの親とも等しく氏を同じくすることによる利益を享受しやすい」、「近時、婚姻前の氏を通称として使用することが社会的に広まっているところ、上記の不利益は、このような氏の通称使用が広まることにより一定程度は緩和され得る」などと述べて、「以上の点を総合的に考慮すると、本件規定の夫婦同氏制が、……直ちに個人の尊厳と両性の本質的平等の要請に照らして合理性を欠く制度であると認めることはできない」として憲法24条に違反するという主張を斥けたのである。

もっとも多数意見は、選択的夫婦別氏制を含め、「国会で論じられ、判断されるべき事柄にほかならない」と述べている。なお5裁判官は、民法750条を違憲と判断している。

女子再婚禁止期間事件
　Intro 2 の問題である。女性にのみ6ヵ月の再婚禁止期間を定めた民法733条は、憲法および国際人権規約、女性差別撤廃条約に違反するとして、国会の立法不作為に対して国家賠償請求訴訟が提起された。だが最高裁は、立法不作為の違憲訴訟が成立するための要件たる「例外的な場合」に当たるか否かをもっぱら問題にし、民法733条は憲法の文言に一義的に反するとはいえないとして訴えを斥けてきた（最判1995・12・5）。

　本件は、性別による異なった取扱いが問題となっているのだから、厳格基準で審査されるべきであろう。そこで学説は、父性の推定の重複を回避し、父子関係をめぐる紛争の発生を未然に防ぐという立法目的自体は正当であるが、女性にのみ6ヵ月の再婚禁止期間を設けるという目的達成の手段は妥当でない、としてきた。まず、民法772条2項は「婚姻成立の日から200日を経過した後又は婚姻の解消若しくは取消の日から300日以内に生まれた子は、婚姻中に懐胎したものと推定する」と規定しており、論理的には、父子関係の紛争を防ぐには、禁止期間は100日で足りることになる。また、現代の医学技術の下、父子

関係の特定は困難でないといった理由から、6ヵ月の再婚禁止期間は、必要不可欠な手段とはいえず、妥当でないとする。また、100日を超えない期間についても、妊娠していないことが証明できる女性にまで一律に課すことが問題視されてきた。

このようななか、2015年に最高裁は、民法733条1項の再婚禁止期間のうち100日を超える部分については、憲法14条1項、24条2項に違反するとした（最大判2015・12・16）。もっとも、民法733条を改正しない立法不作為に対する国家賠償請求は斥けている。なお、この判決には、再婚禁止期間規定自体が不合理な差別で憲法に反するという意見も付されている。

婚外子相続分規定事件

かつて民法900条4号但書は、非嫡出子（婚外子）に嫡出子（婚内子）の2分の1の法定相続分しか認めていなかった。この規定の違憲性が争われた事件において、最高裁多数意見は、「本件規定の立法理由は、……法律婚の尊重と非嫡出子の保護の調整を図ったもの」で合理的根拠があり、また非嫡出子の法定相続分を嫡出子の2分の1としたことは、立法理由との関連において著しく不合理で立法府に与えられた合理的な裁量判断の限界を超えたものとはいえず、憲法14条1項に反しない、と判示した（最大決1995・7・5）。

これに対して反対意見は、社会の意識の変化や諸外国の立法の趨勢といった立法事実の変化を重視しつつ、より厳格な基準を用いるべきとした。自己の出生について責任を負わない非嫡出子を、それを理由に法律上差別することは法律婚の尊重という立法目的の枠を超えるものであり、立法目的を達成する手段に実質的合理的関連性は認められないとした。また、非嫡出子の保護という立法理由については、この規定が非嫡出子は嫡出子に劣るとの観念を社会的に受容させる重要な一因となっていると指摘し、「今日の社会の状況には適合せず、その合理性を欠く」と主張した。

嫡出や非嫡出たる地位は、14条列記の「社会的身分」に該当し、これらに基づく異なった取扱いは、原則として不合理な差別といえるため、反対意見の方が妥当であろう。だがこの問題は、その後も最高裁小法廷でたびたび争われ、

僅差で合憲の判断が繰り返されてきた。

　このようななか、2013年に最高裁大法廷は全員一致で民法900条4号但書を憲法14条1項に違反するとした（最大決2013・9・4）。最高裁は、諸外国での立法動向や家族をめぐる社会意識の変化に触れたうえで、「父母が婚姻関係になかったという、子にとって自ら選択ないし修正する余地のない事由を理由としてその子に不利益を及ぼすことは許されず、子を個人として尊重し、その権利を保障すべきであるという考えが確立されてきている」とし、遅くとも、事件となった相続が行われた2001年7月の段階においては、「嫡出子と嫡出でない子の法定相続分を区別する合理的な根拠は失われていた」と決定した。なお、2013年12月に民法は改正され、900条4号但書は削除された。

　このように、家族をめぐる裁判や法律も国民意識の変化を受けて変わりつつあることは事実である。他方で、家族の「絆」や家族内での「助け合い」を声高に主張する立場も存在する。2012年に自民党が示した改憲草案には、24条に新たに「家族は、社会の自然かつ基礎的な単位として、尊重される。家族は、互いに助け合わなければならない」という規定を設けるという。「家庭教育支援法」なる法律を制定しようという動きも見られる。これらの動きについて、平等原則とともに、個人の尊重という視点からも精査していく必要がある。

【文献】
- 芦部信喜・高橋和之補訂『憲法第7版』（岩波書店、2019年）
- 浦部法穂『憲法学教室第3版』（日本評論社、2016年）
- 木村涼子『家庭教育は誰のもの？―家庭教育支援法はなぜ問題か』（岩波書店、2017年）
- 京都憲法会議監修／木藤伸一朗・倉田原志・奥野恒久編『憲法「改正」の論点―憲法原理から問い直す』（法律文化社、2014年）
- 佐藤幸治『日本国憲法論』（成文堂、2011年）
- 辻村みよ子『憲法第6版』（日本評論社、2018年）
- 二宮周平『18歳から考える家族と法』（法律文化社、2018年）
- 中里見博・能川元一・打越さく良・立石直子・笹沼弘志・清末愛砂『右派はなぜ家族に介入したがるのか―憲法24条と9条』（大月書店、2018年）
- 平野武・片山智彦・奥野恒久『改訂版はじめての憲法』（晃洋書房、2018年）

第 3 章

刑事権力と人権

Intro 1 　1990年5月、栃木県足利市のパチンコ店に父親と一緒に来ていた4歳の女の子が行方不明となり、翌朝、近くの渡良瀬川の河川敷で、死体で発見されるという事件が起きた。当時43歳で幼稚園の送迎バスの運転手をしていた菅家利和さんが容疑者とされ、警察への同行を求められ、断っても許されず無理やり足利警察署へ連れて行かれた。警察は、精密度の高くない当時の「DNA 鑑定」を証拠に、「お前はもう絶対、逃げられないんだ」「早く白状しろ、そうすればラクになる」と言い続け、髪の毛を引っ張ったりスネを蹴ったり、テーブルをどんどん叩くようなこともしたという。朝からの取り調べを受け、夜の10時過ぎ、菅家さんは「もうどうでもいいや」という気持ちになり、「自分がやりました」と口にするのである。
　菅家さんは、一審公判の途中から否認に転じ、以来無罪を訴え続けるものの、宇都宮地裁は無期懲役判決を出す。その後、東京高裁は控訴棄却判決、そして2000年7月に最高裁は上告棄却し、菅家さんの無期懲役が確定する。菅家さんが収監されるなかで、弁護側から再審請求が行われるが、宇都宮地裁は再審請求棄却を決定する。2008年2月、弁護側が東京高裁に即時抗告を申し立て、同年12月に東京高裁が DNA 再鑑定を命じるのである。翌年5月、被害者の半袖下着の精液と菅家さんの DNA 型は一致しない、という鑑定書が出される。そして6月、菅家さんは逮捕後17年半ぶりに釈放されたのである。これがいわゆる「足利事件」である。
　「国家による人権侵害」といえるのが冤罪事件である。このような冤罪事件が今日においても生じる要因はどこにあるのだろうか。

Intro 2 　世界的には死刑を廃止する潮流にあるといえるなか、日本は死刑制度を存置し、2018年7月には13名もの死刑を執行している。日本が死刑制度を存置することの是非、この問題を論じるにあたって考えておくべきことは何であろうか。

1　立憲主義と刑事手続の基本原則

巨大な国家権力としての検察・警察
　憲法の第一義的な意義は、国家権力を拘束することによって、国民の人権を保障することである。国家権力の代表的な存在として、刑事権力を行使する検察と警察をあげることができよう。検察や警察は、社会の治安を維持するという重要な役割を果たすが、同時に逮捕し身柄を拘束したり刑罰を科すなど強い権力をもつ。戦前の1933年、政治犯・思想犯を取り締まる特別高等警察（略称「特高」）の課員が、『蟹工船』などの作者として有名な小林多喜二を拷問により虐殺したことは有名である。
　身体の自由はあらゆる自由の大前提であるが、それは歴史的に脅かされてきたのである。日本国憲法が、身体の自由と刑事手続について詳細な規定を設けているのは、戦前の日本での身体の自由への抑圧という歴史的事実を鑑みてのことである。しかし、これらの保障規定にもかかわらず、今日でも足利事件や布川事件のような冤罪事件が後をたたない。冤罪事件という国家による人権侵害をなくす努力が、続けられなければならない。

無罪の推定
　世界人権宣言11条1項が、「犯罪の訴追を受けたものは、すべて、自己の弁護に必要なすべての保障を与えられた公開の裁判において法律に従って有罪の立証があるまでは、無罪と推定される権利を有する」と定める。また、1979年に発効した市民的権利及び政治的権利に関する国際規約14条2項は、「刑事上の罪に問われているすべての者は、法律に基づいて有罪とされるまでは、無罪と推定される権利を有する」と定め、日本の刑事訴訟法336条は、「被告事件が罪とならないとき、又は被告事件について犯罪の証明がないときは、判決で無罪の言渡をしなければならない」と規定する。
　刑事手続の基本原則の一つが、この無罪の推定である。無罪の推定から具体的には、第一に、被疑者・被告人も有罪判決を受けるまでは無辜の市民として

扱われなければならない、とされる。2009年から導入された裁判員制度やマスコミの犯罪報道のあり方などが、この原則に基づいて検証されなければならない。第二に、検察官すなわち国家の側が、合理的な疑いを入れない程度に犯罪事実を証明しない限り被告人は有罪とされない、とされる。ここから「疑わしきは被告人の利益に」「疑わしきは罰せず」といわれる。なお、罪を犯したと疑われている人物は、起訴前であれば「被疑者」、起訴後であれば「被告人」と呼ばれる。

2 刑事手続の流れ

捜査の端緒

　捜査機関が捜査を始める契機となるものを捜査の端緒という。それには、現行犯人の発見、変死体の発見、告訴・告発、自首、職務質問・所持品検査などがある。告訴とは、犯罪により害を被った被害者やその他一定の近親者（告訴権者）が検察官や警察官などに犯罪事実を申告して訴追処罰を求める意思表示のことで、口頭または書面（告訴状）でなされる。「被害届」は、通常、犯罪事実を申告するが訴追処罰を求める意思表示を含まないため、告訴とはいえない。告発とは、捜査機関に対して犯人または告訴権者以外の第三者が犯罪事実を申告して処罰を求める意思表示のことである。自首とは、犯人が、捜査機関に対しその犯罪事実または犯人が誰であるかが発覚する前に、自らの犯罪事実を申告することで、刑法上、刑の減軽事由となる。

　職務質問とは、警察官が、不審者に対して不審な点を問い質すもので、警察官職務執行法が定める。職務質問や所持品検査は、捜査の観点からは有効であるが、その一方で重大な人権（身体の自由やプライバシー権など）の侵害にもなりかねない。警察官職務執行法2条3項は、「刑事訴訟に関する法律の規定によらない限り、身柄を拘束されまたはその意に反して警察署、派出所若しくは駐在所に連行され、若しくは答弁を強要されることはない」と規定し、相手方の同意を得ることを求めている。

強制処分法定主義と令状主義

　刑事訴訟法197条1項は、「捜査については、その目的を達するため必要な取調をすることができる。但し、強制の処分は、この法律に特別の定めのある場合でなければ、これをすることができない」と規定する。すなわち、「任意捜査の原則」を明らかにしたうえで、但書で「強制処分法定主義」を定めているのである。強制捜査には、被疑者の逃亡や証拠隠滅を防止するための逮捕・勾留、証拠を収集するための捜索・差押えがあるが、これらは原則として司法官憲、すなわち裁判官の発する令状によらなければならない（憲法33条・34条・35条）。これを令状主義という。Intro 1 は、令状主義との関係で問題があるといえよう。

逮捕と勾留

　憲法33条は「何人も、現行犯として逮捕される場合を除いては、権限を有する司法官憲が発し、且つ理由となつてゐる犯罪を明示する令状によらなければ、逮捕されない」と定める。つまり、罪を犯している最中や直後といった現行犯であるか、裁判官の発する逮捕令状（刑事訴訟法では「逮捕状」）によらなければ逮捕されない。この逮捕令状は、単に罪名だけでなく、被疑事実等を具体的に記載したものでなければならない。ここで問題になるのが、刑事訴訟法210条の定める緊急逮捕が憲法33条に反さないか、である。緊急逮捕とは、緊急で裁判官の逮捕令状を求めることができない場合に、事後に令状を求めることを条件に、被疑者の逮捕を認めるというものである。最高裁は、「厳格な制約の下に、罪状の重い一定の犯罪のみについて、緊急已むを得ない場合に限り、逮捕後直ちに裁判官の審査を受けて逮捕状の発行を求めることを条件とし、被疑者の逮捕を認めることは、憲法33条規定の趣旨に反するものではない」としている（最大判1955・12・14）。もっとも、憲法の人権保障規定が定める手続に例外を認めることに対しては、有力な反対論もある。

　警察官が被疑者を逮捕し留置の必要があるとしても、48時間以内に、書類および証拠物とともに身柄を検察官に送致しなければならない（刑訴法203条1項）。検察官は、さらに留置の必要があれば、被疑者を受け取ったときから24時間以

内に裁判官に勾留を請求しなければならない（刑訴法205条1項）。起訴前の勾留期間は10日間に限られており、やむを得ない理由があるときに限り10日間延長することができる（刑訴法208条）。起訴後であれば公訴提起から2ヵ月で、特に継続が必要である場合には1ヵ月ごとに更新できる。なお、起訴後勾留については、保証金を納付することで被告人を解放する保釈という制度がある。

　勾留は本来、法務省の管轄下の拘置所という刑事施設においてなされる。しかし、刑事収容施設及び被収容者等の処遇に関する法律15条1項に例外規定があり、警察署にある留置場を刑事施設に代用させてよいとされている。これが「代用監獄」「代用刑事施設」と呼ばれるもので、被疑者が捜査機関の下におかれるため、自白の強要につながり「冤罪の温床」になる、と指摘されている。

　虚偽の自白を防止するため、2016年、裁判員裁判対象事件など一定の重大事件について、警察や検察が逮捕・勾留されている被疑者の取調べを行うときは、その全過程を録音・録画することが義務づけられるという法改正がなされた。

不当な捜査に対する被疑者・被告人の権利
　憲法34条は、「何人も、理由を直ちに告げられ、且つ、直ちに弁護人に依頼する権利を与へられなければ、抑留又は拘禁されない」と定める。抑留とは、一時的な身体の拘束のことで刑事訴訟法上の留置に当たり、拘禁とは、より継続的な拘束のことで刑事訴訟法上の勾留に当たる。

　抑留・拘禁にあたっては、理由が告知され弁護士である弁護人を依頼する権利が保障されなければならない。弁護人依頼権は、ただ形式的に弁護人に依頼する機会を与えておくというものではなく、実質的に弁護人を依頼する条件を確保することまでを要求する。被告人が貧困などにより弁護人を依頼できないときは、裁判所が弁護人を選定する「国選弁護人制度」がある。かつて、起訴前の被疑者段階ではこの制度がなかったので、1990年から各地の弁護士会が「当番弁護士制度」を設けた。この制度は、当番の弁護士が、逮捕などで身柄を拘束された被疑者やその家族などの弁護士会への依頼に応じて、被疑者のいる警察署などに行って面会し助言・援助を初回は無料で行うというものである。2004年の法改正で、一定の場合に被疑者段階での国選弁護人制度が創設され、

2016年の法改正で被疑者が勾留された全事件に拡大された。

公訴の提起

　検察官が、被疑者をその処罰を求めて裁判所に訴えることを公訴という。公訴提起（起訴）は、起訴状を裁判所に提出することで行われる。日本では、公訴の提起は国家機関である検察官が独占的に行う。国家訴追主義というが、これは、刑罰の目的が被害者の救済という私的なものではなく、法的・社会的秩序を維持するという公的なものだからである。

　検察官は、犯罪事実を立証できる場合であっても、刑訴法248条が「犯人の性格、年齢及び境遇、犯罪の軽重及び情状並びに犯罪後の情況により訴追を必要としないときは、公訴を提起しないことができる」と定める。検察官の裁量により起訴猶予処分として訴追しないことを認める、起訴便宜主義をとっている。もっともこの制度も濫用の危険性があるため、検察審査会による不起訴処分の審査の制度を設けている。これは、衆議院の選挙権者からくじで選ばれた11人の審査員が、検察官の不起訴処分の当否を審査するものである。検察審査会により「不起訴不当」「起訴相当」の議決がなされると、検察官は事件処理を再考する。そのうえで、再度不起訴処分とした場合、検察審査会は再審査を行わなければならず、そこで改めて起訴相当と認め8人以上が「起訴すべき旨」の議決を行えば、その議決に拘束力が生じる。そのさい、裁判所が指定する弁護士（指定弁護士）が検察官役を担うことになる。

公判手続

　第1回公判の冒頭、裁判長は、被告人席にいる人物が起訴状に記載されている被告人本人かを確認するため、氏名・生年月日・職業・住居・本籍など質問する「人定質問」を行う。次いで、検察官によって起訴状が朗読され、「公訴事実」と「罪名及び罰条」が示される。その後、裁判長は被告人に黙秘権等の告知を行ったうえで、被告人と弁護人に「罪状認否」といわれる陳述する機会を与える。ここで、被告人・弁護人が公訴事実について争うのか争わないのかが明らかになる。憲法38条1項は、被疑者・被告人および証人に対して不利益

な供述が強要されないことを保障している。ここから黙秘権が導かれる。これは、自白を引き出すために拷問がなされた歴史的事実を鑑みてのものである。だが、2016年の刑訴法改正により、裁判所の決定で免責を与えることを条件に、証人にとって不利益な事項について証言を義務づけることができるようになった（刑訴法157条の２以下）。この制度に対しては、真犯人が、共犯者がいるかのような偽証をするなどによって、冤罪を生みかねないという批判がある。

　続いて証拠調べ手続に入るが、その最初に検察官による冒頭陳述が行われ、検察官が明らかにしようとする事実が述べられる。証拠調べは、犯罪事実に関するものと、量刑判断に必要な情状事実に関するものとに区分され、検察官によって起訴された事実に関する証明が行われる。両事実に関しても、通常、被告人質問が行われる。一般に、公訴事実に争いのない事件を「自白事件」、争いのある事件を「否認事件」と呼ばれている。裁判において、被告人自身が反論する機会のない不利益な証言が証拠として採用されるならば、被告人の防御活動は不十分となり、裁判の公正も損なわれる。そこで、憲法37条２項前段は、刑事被告人の証人審問権を保障している。これは、被告人がすべての証人に対し反対尋問する十分な機会を与えるよう要請するとともに、その機会が十分に与えられていないときはその証言は証拠となり得ないとする。後段は、「公費で自己のために強制手続により証人を求める権利を有する」と証人喚問権を保障している。もっとも判例では、裁判所は被告人申請の証人を全て喚問する必要はなく、「当該事件の裁判をなすに必要適切な証人を喚問すればそれでよい」としている（最大判1948・7・29）。また、「公費で」とあるが、有罪判決を受けた場合にも被告人に対して訴訟費用を負担させてはならないという趣旨ではないとする（最大判1948・12・27）。この点については、有力な異論もある。

　証拠調べが終わると、最終弁論手続が行われる。まず、検察官がこれまでの審理を踏まえて意見を述べる論告、そして有罪の論告をする場合に量刑についての意見を述べる求刑（併せて論告・求刑）を行う。次いで、弁護人が、被告人を弁護する立場から犯罪事実と情状事実の両方につき意見を述べる（最終弁論）。最後に、被告人が意見を述べて（最終陳述）結審する。

　結審後、裁判官が３人で行われる合議事件や、裁判員の加わる裁判員事件で

39

は、評議が行われ、判決の結論やその理由が決せられる。そして裁判官は、公判廷にて宣告するのである。

3　犯罪と刑罰

罪刑法定主義

　どのような行為をすると罰されるのか、あらかじめ明らかにされていなければ、権力者に恣意的な処罰がなされるかもしれないし、そもそも個人の自由な行動が制限されてしまう。そこで、「何が犯罪となり、それに対してどのような刑罰が科されるかは、あらかじめ法律で規定されなければならない」という罪刑法定主義の原則が確立されたのである。この原則は、個人の自由を保障する「自由主義」の要請とともに、犯罪や刑罰は国民の代表者で構成される国会によって定められなければならないという「民主主義」の要請でもある。この罪刑法定主義の原則から、刑罰法規はどのような行為を対象にするのか明確でなければならないという「明確性の原則」、実行時には適法であった行為を後から処罰する規定をつくって刑事上の責任を問うことを防止する「遡及処罰禁止の原則」(憲法39条)などが導かれる。

　憲法31条は、「何人も、法律の定める手続によらなければ、その生命若しくは自由を奪はれ、又はその刑罰を科せられない」と規定しているが、この「法律の定める手続」のなかに罪刑法定主義も含まれると解されている。また憲法は、「法律の範囲内で条例を制定することができる」(94条)と定め、地方自治法が「その条例中に、条例に違反した者に対し、2年以下の懲役若しくは禁錮。100万円以下の罰金、拘留、科料若しくは没収の刑又は5万円以下の過料を科する旨の規定を設けることができる」(14条3項)と定め、地方公共団体も刑罰を設けることができるとしている。

犯　　罪

　犯罪とは、「構成要件に該当し違法かつ有責な行為」と定義される。たとえば、殺人罪を定める刑法199条は、「人を殺した者は、死刑又は無期若しくは5

年以上の懲役に処する」、傷害罪を定める刑法204条は、「人の身体を傷害した者は、15年以下の懲役又は50万円以下の罰金に処する」と規定する。ここでいう「人を殺した者」「人の身体を傷害した者」という犯罪成立の要件が「構成要件」である。しかし構成要件に該当するとすべて犯罪というわけではない。たとえば、外科医が手術を行ったのは「人の身体を傷害した」ことになるが、「正当な業務」であり違法ではなく（違法性阻却）、犯罪は成立しない（刑法35条）。同様に、他人の急迫不正の侵害から正当な利益を守る「正当防衛」（刑法36条）や、正当な利益に対する現在の危難を避けるためにやむを得ず第三者に害を加える「緊急避難」（刑法37条）も違法性が阻却される。

　さらに、構成要件に該当する違法な行為を行ったとしても、行為者を非難できない場合がある。これが、有責でないすなわち責任が阻却される場合である。故意を欠く場合は、責任が阻却され処罰されないが、過失による行為でも法律に特別の規定があれば処罰される（刑法38条1項）。精神の障害によって善悪の判断ができず自身の行動をコントロールできない「心神喪失者」の行為も責任が阻却され処罰されず、心神喪失とまではいえない「心神耗弱者」の行為は刑が減免される（刑法39条）。それゆえ、事件発生時の被告人の精神鑑定が争点となる。14歳に満たない者の行為も罰せられない（刑法41条）。

刑罰の種類

　刑罰とは犯罪に対する法的制裁であり、日本の刑法は、死刑・懲役・禁固・罰金・拘留・科料という主刑と、没収という付加刑をおいている（刑法9条）。付加刑とは主刑の言い渡しがあったときに合わせて言い渡すことのできる刑罰である。懲役は刑事施設に収容して所定の作業（刑務作業）に服させるが、禁錮は刑務作業を科さない。もっとも禁錮でも申出により作業に従事することも許される。懲役・禁錮ともに有期と無期とがあり、有期は1ヵ月以上20年以下である。無期は終身の期間にわたる刑で、拘禁の期間を定めずに言い渡されるが、10年を経過した後、「改悛の状」（罪を悔い改める様子）があるときは地方更生保護委員会の処分をもって仮釈放を許すことができる。拘留は、1日以上30日未満の間、刑事施設に収容する。罰金は1万円以上の金額を支払う刑で、科

料は1000円以上1万円未満の金額を支払う刑である。

死刑制度

　日本は、死刑制度をおいておりその執行もなされている。憲法36条は、「公務員による拷問及び残虐な刑罰は、絶対にこれを禁ずる」と規定するが、死刑は残虐な刑罰に当たらないかが問題となる。いうまでもなく、死刑とは生物の根源である生命を、国家権力が剥奪する刑罰である。憲法31条が、法律の定める手続によれば生命を奪えることを予定しているため、死刑も一応合憲という立場が有力である。最高裁も、「刑罰としての死刑そのものが、一般に直ちに同条（36条）にいわゆる残虐な刑罰に該当するとは考えられない。ただ死刑といえども……その執行の方法等がその時代と環境とにおいて人道上の見地から一般に残虐性を有するものと認められる場合には、勿論これを残虐な刑罰といわねばなら」ないとして、火炙り、磔、さらし首、釜ゆでなどの刑は36条に違反するが、現行の絞首刑による死刑そのものは残虐刑に該当しないとしている（最大判1948・3・12）。

　しかし1989年の国連総会で死刑廃止条約が採択されるなど、国際的には死刑廃止の潮流が見られる。日本においても、死刑に凶悪犯罪を抑止する威嚇力はあるのか、とりわけ死刑を自殺の手段と考える犯罪者が存在するなかで死刑は有効か、という疑問が出されている。かりに威嚇力があるとしても、威嚇力に依拠した統治を認めるのか、認めるとしてその範囲をどう設定するかは難問である。また誤判の場合に回復の途がない、国家の合法的殺人を正当化する根拠がない、といった理由から死刑廃止論も有力に主張されている。現に足利事件と同型の「DNA鑑定」を主たる証拠として、死刑が執行された事件（飯塚事件）も存在する。日本弁護士連合会は、2016年に「死刑制度の廃止を含む刑罰制度全体の改革を求める宣言」を採択している。その一方で、死刑を容認する国民世論が多数を占めているのも事実であり、死刑の是非という問題は、人権にかかわる国民的な課題である。

刑罰の根拠

　生命や自由・財産を奪う、その意味では人権侵害ともいえる刑罰を科す根拠は何かをめぐって、「応報刑論」と「目的刑論」という大きく二つの立場がある。「応報刑論」は、刑罰は犯罪に対する当然の報いだとするもので、悪事を働けばそれに見合ったペナルティを受けることが正義に適うという考えが背後にある。この立場は、刑罰は犯した責任に見合ったものでなければならないとするため、「責任と刑罰の均衡」を要請し行き過ぎた厳罰主義を防止する機能を果たす。

　「目的刑論」は、刑罰には「犯罪の予防」という社会にとって有益な目的があるとする。さらに目的刑論は、一般の人々が罪を犯さないようにするという「一般予防論」と、一度罪を犯した犯罪者本人が罪を繰り返さないようにする「特別予防論」とに分かれる。「一般予防論」は、かつて刑罰の威嚇力に期待して犯罪を抑止しようとしたため公開処刑など厳罰主義に走る傾向にあった。だが今日の「一般予防論」は、刑を予告・宣告・執行することで、一般の人々の規範意識を高めることに主眼があるとされる。他方、「特別予防論」は、19世紀のヨーロッパで生まれたもので、主として窃盗などの常習犯対策が目的とされた。すなわち、刑務所内での「改善」など教育効果が期待されるが、改善不可能な重度の犯罪者には社会からの隔離を正当化しかねない。今日、職業訓練などを通じて犯罪者の社会復帰を図ろうとする考え方は、この「特別予防論」から導かれる。

　今日の日本での通説は、「相対的応報刑論」というもので、応報刑の範囲内で犯罪予防目的から見て不要な刑罰は避けるとする。また、特別予防の観点から執行猶予や仮釈放を認めている。

4　司法への市民参加

裁判員制度

　2004年に「裁判員の参加する刑事裁判に関する法律」(「裁判員法」)が制定され、2009年5月から実施された。裁判員制度は、官僚化した日本の職業裁判官

への批判と、国民に「自己責任」を迫る新自由主義の流れがいわば合流した形で誕生した。裁判員法1条は、その趣旨につき「裁判員が裁判官と共に刑事訴訟手続に関与することが司法に対する国民の理解の増進とその信頼の向上に資する」と定めている。この制度は、一般市民から選任された裁判員（原則6人）が職業裁判官（原則3人）とともに、法定刑に死刑・無期刑が含まれる重大な刑事事件について、有罪・無罪の決定と量刑を行うというものである。裁判員は、選挙人名簿から無作為抽出で作成された候補者名簿をもとに、くじ等の方法で事件ごとに選任される。評決は、「構成裁判官及び裁判員の双方の意見を含む合議体の員数の過半数の意見による」（裁判員法67条1項）とされ、過半数の意見のなかに少なくとも1人以上の裁判官が含まれていなければならない。

　諸外国を見ると、アメリカの陪審制は、事件ごとに選出された陪審員12人と裁判官1人とによって裁判体が構成され、陪審員のみで有罪・無罪の決定を行い、量刑は裁判官が行う。ドイツの参審制では、4年の任期で参審員が選ばれ、参審員2人と裁判官3人が一緒に評議し、有罪か無罪かの決定と量刑を行う。

裁判員制度の問題点

　裁判員制度は日本国憲法に抵触するのではないか、という主張もある。憲法32条は、「何人も、裁判所において裁判を受ける権利を奪はれない」と定め、専門の裁判官による裁判を受ける権利を保障しているのではないか。あるいは憲法76条3項が「すべて裁判官は、その良心に従ひ独立してその職権を行ひ、この憲法及び法律にのみ拘束される」と定めていることから、裁判官が裁判員の影響を受けることはその職権の独立に反するのではないか、というものもある。さらには、裁判員として一定期間拘束されることは、憲法18条の身体の自由の侵害にならないか、という指摘もある。

　このような批判に対し最高裁は、歴史的、国際的には、民主主義の発展に伴い、国民の司法参加が許されるか否かについても関心が払われてきたことを前提に、明治憲法24条が「裁判官ノ裁判」と規定するのに対し、日本国憲法は「裁判所における裁判」と規定していることを指摘し、国民の司法参加と適正な刑事事件の実現は十分調和させることが可能だと述べる。さらに、「裁判員

の職務等は、司法権の行使に対する国民の参加という点で参政権と同様の権限を国民に付与するもの」だとし、また裁判員法16条が辞退に関し柔軟な制度を設けていることなどから、「憲法18条後段が禁ずる『苦役』には当たらない」と判示している（最大判2011・11・16）。

【文献】
- 加藤康榮・滝沢誠・宮木康博・三明翔『ケース刑事訴訟法』（法学書院、2013年）
- 菅家利和・佐藤博史『訊問の罠─足利事件の真実』（角川書店、2009年）
- 杉田宗久「刑事裁判の流れ」法学教室386号（2012年）
- 平野武・片山智彦・奥野恒久『改訂版はじめての憲法』（晃洋書房、2018年）
- 松井茂記・松宮孝明・曽野裕夫『はじめての法律学第5版』（有斐閣、2017年）

第 4 章

教育と人権

Intro 1　公立小学校の音楽教員であるXは、入学式に先立ち、校長から入学式当日に「君が代」を伴奏するよう求められたが、天皇を讃える歌である「君が代」は、戦争のときに使われたため、侵略の歌として受け入れられない多くのアジアや日本の人びとがいることから、自らの思想・良心に照らして容認できないと考え、拒否した。ところが校長はXに対し、「職務命令」として伴奏を命じた。Xは、子どもに「君が代」の意味や内容を教えることなく歌わせることは子どもの思想の自由も侵害するものと考え、入学式当日、入場曲の演奏は行ったが、教頭が「国歌斉唱」と言ってもピアノの前に座ったまま伴奏を行わなかった。すると、あらかじめ用意してあった「君が代」のテープが流され、式は混乱なく行われた。その後、教育委員会は、Xが職務命令に従わなかったとして「戒告処分」を行った。

　公立高等学校の教員Yは、卒業式の国歌斉唱の際に起立斉唱を命ずる校長の職務命令に従わず、起立しなかった。その理由についてYは、日本の侵略戦争の歴史を学ぶ在日朝鮮人、在日中国人の生徒に対しても「日の丸」や「君が代」を卒業式に組み入れ強制することは、教員としての良心が許さないと主張した。その後、教育委員会は「戒告処分」を行った。

　さて、このXやYの行為に対し、「公共性を担う教育公務員であるのだから、職場である学校では校長の命令に従うべきである」との主張が出される。この主張をどう考えるといいだろうか。

Intro 2　2006年に改定された教育基本法は、2条に「教育の目標」として、「正義と責任、男女の平等、自他の敬愛と協力を重んずるとともに、公共の精神に基づき、主体的に社会の形成に参画し、その発展に寄与する態度を養うこと」（3号）、「伝統と文化を尊重し、それらをはぐくんできた我が国と郷土を愛するとともに、他国を尊重し、国際社会の平和と発展に寄与する態度を養うこと」（5号）を掲げる。この規定に対しては、「本来教育とは子どもたち一人ひとりの人格の

完成を目指してなされるものであり、『国を愛する』など特定の価値を注入すべきでない」との主張もある。学校が「愛国心」を教えることについて、どう考えるべきだろうか。

1　日本国憲法の教育観と教育基本法

教育の機能

　そもそも教育は何のためになされるのかといえば、だいたい次のような回答があるだろう。第一は、一人ひとりの個人を成長させ、その人格の完成を目指すという個人的機能、第二は、先人が得てきた知識や知恵・技術を次の世代に継承するという社会的機能、そして第三は、「愛国心」教育のように、国民に国家への帰属意識を醸成し政府への忠誠心を調達しようとする国家的機能である。明治憲法下では、しだいに第三の国家的機能が強調され、1890年に発布された教育勅語には「一旦緩急アレハ義勇公ニ奉シ以テ天壌無窮ノ皇運ヲ扶翼スヘシ」（非常事態になれば、国のための奉仕し、すばらしい皇室の運命を維持することに努めなければならない）とあった。

　教育勅語を基本とする戦前の教育が侵略戦争と結びついたことへの反省に立って、戦後の教育は、特定の価値の強要や政府への忠誠心の調達にならぬよう注意がなされ、それに反する動きに対して、教職員が中心となって敏感に抵抗してきた。1947年に公布施行された教育基本法は、前文で「日本国憲法の精神に則り」と憲法との一体性を明示したうえで、第1条にて「教育は、人格の完成をめざし、平和的な国家及び社会の形成者として、真理と正義を愛し、個人の価値をたつとび、勤労と責任を重んじ、自主的精神に充ちた心身ともに健康な国民の育成を期して行われなければならない」と定め、教育の主たる目的を人格の完成においたのである。

　日本国憲法は、26条1項で「すべて国民は、法律の定めるところにより、その能力に応じて、ひとしく教育を受ける権利を有する」と定め、2項で「すべて国民は、法律の定めるところにより、その保護する子女に普通教育を受けさ

せる義務を負ふ。義務教育は、これを無償とする」と規定している。教育を受ける権利について、かつては教育の機会均等を実現するための、経済面での条件整備を要求する権利と解されていた。26条2項の義務教育の無償制は、その最低限の条件整備といえよう。ところがその後の学説は、教育を受ける権利を経済面での条件整備要求のみならず、子どもの学習権を保障するものと解するようになっている。すなわち、すべての人、特に子どもは、生まれながらに教育を受け学習して人間として成長・発達していく権利があり、この生まれながらの学習権を充足するように、国は条件を整備し適切な教育内容を提供しなければならず、教育を受ける権利とはこれらを国に要求する権利だとされる。

教育権論争

　戦後、教育をめぐって大きな論争となったのが、「国家の教育権」か「国民の教育権」かという、いわゆる教育権論争である。これは具体的な教育内容を決定する権能が国家にあるのかどうかという形で争われ、「国家の教育権」説は教育内容について国が関与・決定する権能があるとするのに対し、「国民の教育権」説は子どもの教育について責任を負うのは、親およびその付託を受けた教師を中心とする国民全体であり、国は教育の条件整備の任務を負うにとどまるとする。だがこの立場は、親や教師が国家からの自由を本気で主張したというより、「戦後公教育の理念から離れてゆく国にかわって、親や教師がそれにいわば代位しようと」したと解されている（樋口 1992：9頁）。

旭川学テ訴訟

　1961年、文部省の実施した全国の中学校2・3年生を対象とした全国一斉学力テストに反対する教師が、学力テストの実施を阻止しようとして公務執行妨害罪等で起訴された事件において、最高裁は（最大判1976・5・21）、国家の教育権説も国民の教育権説も「極端かつ一方的」であるとした。そして教師に一定の範囲の教育の自由の保障があることを認めつつも、その自由を完全に認めることは許されないとし、国は、必要かつ相当と認められる範囲において、教育内容についてもこれを決定する権能を有する、とした。もっとも最高裁は、

「本来人間の内面的価値に関する文化的な営みとして、党派的な政治的観念や利害によって支配されるべきでない教育にそのような政治的影響が深く入り込む危険があることを考えるときは、教育内容に対する……国家的介入についてはできるだけ抑制的であることが要請される。殊に個人の基本的自由を認め、その人格の独立を国政上尊重すべきものとしている憲法の下においては、子どもが自由かつ独立の人格として成長することを妨げるような国家的介入、例えば、誤った知識や一方的な観念を子どもに植えつけるような内容の教育を施すことを強制するようなことは、憲法26条、13条の規定からも許されない」と述べている（「教育内容への国家介入の抑制法理」）。このような理解からすると、Intro 2 にあるような、教育を通じて特定の価値を注入することは許されないのではないか。それとも、「国を愛する」ということは、特定の価値とは次元の違うことなのだろうか。

　また最高裁は旭川学テ訴訟において、「国民各自が、一個の人間として、また、一市民として、成長、発達し、自己の人格を完成、実現するために必要な学習をする固有の権利を有する」と、憲法26条が学習権を保障していることを明らかにするとともに、教育の本質について、「子どもの教育が教師と子どもとの間の直接の人格的接触を通じ、その個性に応じて弾力的に行われなければならず、そこに教師の自由な創意と工夫の余地が要請される」と述べている。

改定教育基本法

　ところが2006年に改定された教育基本法は、国家主導で教育を推進するものとなっている。教育の目標については、Intro 2 でその一部に触れているが、そのほか、国が「教育に関する施策を総合的に策定し、実施しなければならない」（16条2項）、国や地方公共団体は保護者への学習機会や情報の提供など「家庭教育を支援するために必要な施策を講ずるよう努めなければならない」（10条2項）、さらには「学校、家庭及び地域住民その他の関係者は、教育におけるそれぞれの役割と責任を自覚するとともに、相互の連携及び協力に努めるものとする」（13条）と規定している。国家主導の教育を学校、家庭、地域住民が一体となって担うということであろうか。

愛国心について、それは皆がもたなければならないものなのか、かりにもつべきとして国家が教育等を通じて促すべきものなのか、またそのようなことが可能なのか。そもそも国を愛するその「国」とは何なのか、愛国心の強調は排外主義を誘発しないか、など論ずるべき点は多岐にわたる。実は戦前においても、「偏狭な国家主義、偏狭な民族主義を斥けつつ、人類全体の利益と幸福とを標準として、総ての社会的事象の価値を規定しようする」「世界民」という立場も主張されていたのである（恒藤 2013：11頁）。また今日ではしばしば現政権を批判する人たちに対し「反日」というレッテルが貼られるが、たとえばこの国の将来や環境を真剣に案じて「反原発」運動を行い、時の政権を批判する人を「反日」などといえるだろうか。

道徳教育

2015年3月に学校教育法施行規則が改定され、2018年4月から小学校で、2019年4月から中学校で「特別の教科である道徳」の授業が始まる。これまでの「道徳の時間」と異なり、道徳の検定教科書が使用され、通知簿に載る成績評価がなされる正規の教科となった。もっとも成績評価にあたって数値評価や段階別評定は行われない。「中学校学習指導要領解説（特別の教科道徳編）」には、「道徳科の授業では、特定の価値観を生徒に押し付けたり、主体性をもたずに言われるままに行動するよう指導したりすることは、道徳教育の目指す方向の対極にあると言わなければならない。多様な価値観の、時に対立がある場合を含めて、自立した個人として、また、国家・社会の形成者としてよりよく生きるために道徳的価値に向き合い、いかに生きるべきかを自ら考え続ける姿勢こそ道徳教育が求めるものである」(13頁) と記されている。だが同書は、その具体的な内容項目のなかで、たとえば「困難や失敗を乗り越えて着実にやり遂げる」、「勤労を通じて社会に貢献する」、「日本人としての帰属意識を再考する」といった、特定の価値観の押しつけではないか、と思われるものも記している。

道徳教育や愛国心教育について、間宮陽介の次のような主張は、考えさせられるのではないだろうか。

「命を大切にする心、他人を思いやる心、善悪の判断などの規範意識等を身につけること、こういったことがおかしいわけではない。おかしいどころか重要なことですらある。問題はそれらをどうやってわがものとするかである。一般に道徳というものは、実地の生活の中で培われていくものである。学校で、他人を助けることは善いことだとたたき込んで教えるような性格のものではない。学校で道徳性を向上させ、その達成度を評価するなどと言うことはできない相談であり、子どもはそれを他人との交わりの中で、とくに大人を模倣することによって身につけていくしかない。学校教育によって観念的に学ぶのではなく、実地の生活の中で自分のものにしていくほかないのである。

『伝統と文化を尊重し、それらをはぐくんできた我が国と郷土を愛する』という教育基本法の条文に違和感を感じるのも同じ理由による。尊重するとか愛するといった行為や感情は上から注入されるものではなく、育てられていくものである。さらに尊重すべき伝統・文化、愛すべき国や郷土は人により一律ではない。反国家的と思われる行為も見方を変えれば国を愛する行為かもしれない」(間宮 2014：85頁)。

2 「日の丸」「君が代」をめぐって

「日の丸」「君が代」と法

戦後、1950年代に入って、保守層は戦後日本の人心の乱れが戦後教育にあるとするとともに、国民の国防意識を高揚させるため、「愛国心」教育を要求し始める。「日の丸」「君が代」について、政府は慣習法上、国旗・国歌だとし、たとえば1977年改定の学習指導要領には「国歌君が代」と明記する。また1989年改定の学習指導要領には「入学式や卒業式においては、その意義を踏まえ、国旗を掲揚するとともに、国歌を斉唱するよう指導するものとする」と記される。

1999年、「国旗は、日章旗とする」(1条1項)、「国歌は、君が代とする」(2条1項)という2条からなる「国旗及び国歌に関する法律」が制定される。なお、「君が代」の「君」とは、同年6月1日の政府統一見解で、「日本国および

日本国民統合の象徴である天皇と解釈するのが適当」とされている。また、この法案の審議過程では、たとえば「その人の良心の自由で、ほかの人に迷惑をかけない格好で、自分の気持ちで歌わないことはあり得る」(有馬朗人文相、1999年7月21日)など、強制を伴うものでないことが繰り返し確認された。

しかしながら、2003年の東京都教育委員会の通達「入学式、卒業式等における国旗掲揚国歌斉唱の実施について」が、「日の丸」掲揚・「君が代」斉唱に関して服装を含めた詳細なマニュアルを示すとともに、違反すれば職務命令違反で処分するとするなど、教員への実質的な強制が進められる。 Intro 2 にあるような2006年教育基本法の改定は、その強制に拍車をかける。そこで、各地で「君が代」訴訟が提起され、原告である教員は主として憲法19条の思想・良心の自由の侵害を主張するのである。

思想・良心の自由

諸外国の憲法にて、信仰の自由や表現の自由とは別に、思想・良心の自由を規定する例がほとんど見られないなか、日本国憲法が精神的自由を保障する諸規定の冒頭にあえて思想・良心の自由をおいたのは、明治憲法下で国家が価値内容の決定を独占し、また治安維持法の運用によって特定の思想が権力に弾圧されたという歴史的経験に基づく。丸山眞男によると、価値内容を国家が独占的に決定する下では、各人は自由なる主体意識も良心ももちえず、もっていたのは「究極的価値たる天皇への相対的な近接の意識」であり(丸山 2015：15-25頁)、そこではもちろん、「責任の自覚」なるものもなければ、自由なる主体意識を前提とした「個人というものは上から下まで存在しえない」のである(丸山 2015：30頁)。誰もが個人として自らの価値を保持しようとしないところでは、権力の命令や指示、マスメディアの誘導、あるいは周囲の動きに抵抗できないのはおろか、容易に流されてしまうであろう。その結末は、1945年8月が如実に示すところである。

また治安維持法体制について「拷問によって人脈をあばき出し、芋づる式に次から次へと政府にとって都合の悪い思想の持ち主を獄につなぐ。表でこうした弾圧が実現すれば、裏では密告社会が出来上がる。『非国民』的な言動に対

して社会的な差別が生まれ、人々は、自分に対しても他人に対しても、公に認められた考え方だけを許容するような心理に駆り立てられていった。かくして治安維持法によって実現したのは、人々が進んで政府の公式見解を自分の考えとして摂取していく、非常に効率的な思想統制だった」と評されている（西原2006：22頁以下）。

　思想・良心の自由を保障する意味につき、憲法学説は一般に次の三点を指摘している。第一は、公権力が特定の思想を禁止ないしは強制できないことである。とりわけ現代国家は、高度管理化国家の傾向を強くもつことから、いわゆる「政府言論」と呼ばれるように、膨大な情報を直接的・間接的に様々な方途を通じて国民に提供することにより、国民の思想・良心を一定の方向に誘導する危険性を有している。したがって、公権力が特定の思想・良心の形成を意図して組織的に宣伝・教化することは、個人の人格的自律権の基盤を掘り崩すことになり禁じられるのである。第二に、公権力が個人の国家観や世界観、人生観といった内心の精神作用を理由として不利益を課すことが禁止される。そして第三が、個人の思想につき、公権力が開示を強制しあるいは申告を求めることは許されない、すなわち思想についての「沈黙の自由」を保障していることである。

「君が代」伴奏拒否事件最高裁判決（「ピアノ判決」）

　Intro 1 のXのように、入学式での「君が代」のピアノ伴奏を校長に命じられた音楽教員が、それに従わなかったことを理由に懲戒処分を受けその処分の取消しを求めた事案である。最高裁多数意見によると、Xの考えは、「上告人自身の歴史観ないし世界観及びこれに由来する社会生活上の信念等ということができる」が、学校の儀式的行事においてピアノ伴奏を拒否することは、「一般的には、これ（上告人の歴史観・世界観）と不可分に結び付くものということはできず」、本件職務命令も上告人の歴史観や世界観それ自体を否定するものではない。入学式・卒業式での「君が代」斉唱が広く行われていたことは周知の事実であり、そのピアノ伴奏という行為自体は、客観的に見て音楽教員に通常期待されているもので、「特定の思想を有するということを外部に表明する

行為であると評価することは困難」であるとした（最判2007・2・27）。

このように多数意見が当該行為を「一般的には」「客観的に見て」と多数者の視点で評価している点には、学説から強い批判がなされている（西原 2007：141頁）。憲法19条の保障する思想や良心は個人によって多様であることが前提であり、むしろ少数者の思想・良心を受け止めるべきだというのである。また「ピアノ判決」で最高裁は、ピアノ伴奏という外面的行為と伴奏者の良心とは「切断」可能であるという認識のようであるが、それははたして妥当であろうか。

「ピアノ判決」で注目されたのが、思想・良心の内容についての藤田宙靖裁判官の反対意見である。藤田裁判官によると、多数意見は、本件における「思想及び良心」の内容を、「歴史観ないし世界観」、すなわち「『君が代』が過去において果たして来た役割に対する否定的評価」とするが、より重要なのは「公的儀式の場で、公的機関が、参加者にその意思に反してでも一律に行動すべく強制することに対する否定的評価（従って、また、このような行動に自分は参加してはならないという信念ないし信条）」といった側面ではないか。このような信念・信条は自由主義・個人主義の見地から評価し得るが、もしこれが憲法上保護されるならば、本件にて当人の信念・信条が直接的に抑圧されたことは明白である、と言う。思想や良心を守るとは、仮に現時点で自らに確固とした思想や歴史観がなかったとしても、権力や「上」に服従しない、あるいは「洗脳」されないということが第一歩であろう。いったん服従してしまうと、将来にわたって自らの考えをもつこと自体が極めて困難になるからである。だとすると、藤田裁判官の指摘する「一律に行動すべく強制することに対する否定的評価」は、思想・良心の自由の核心といえるかもしれない。

「君が代」不起立事件最高裁判決（「2011年判決」）

Intro 1 のYのように、教員が「君が代」の起立斉唱という職務命令を拒んだため、懲戒処分を受けその取消しを求めた事案と、退職後の嘱託員等への採用選考にて不合格となったことに対し損害賠償を求めた事案に対する最高裁判決が、2011年にすべての小法廷で相次いで出されている（第2小法廷2011・5・

30、第 1 小法廷2011・6・6、第 3 小法廷2011・6・14）。最高裁多数意見は、「君が代」斉唱が広く行われていたのは「周知の事実」であり、起立斉唱行為は「一般的、客観的に見て」「慣例上の儀礼的な所作としての性質」を有するため、当該行為を求める職務命令が、直ちに上告人の歴史観や世界観を否定するものではない、とした。だが同時に多数意見は、教員の日常的な業務内容でない起立斉唱行為は、「君が代」等への「敬意の表明の要素を含む行為」（個人の歴史観ないし世界観に由来する行動（敬意の表明の拒否）と異なる外部的行動）を求めることとなり、思想・良心の自由への「間接的な制約」となる面がある、と言う。

　最高裁多数意見は、「式典における慣例上の儀礼的な所作」を強調することで、「愛国心」教育などの理念・価値教育の是認を回避したといえる。その意味では、旭川学テ訴訟で示した「教育内容への国家介入の抑制法理」を維持しているといえる。だが、「広く行われていた」を根拠として当該行為を容認することは、最高裁自身が当該行為の既成事実化に一役買い、結果としてそれを拒絶する少数派の更なる排除に加担することにならないだろうか。正当化の根拠として、多数派によってなされてきた「周知の事実」を持ち出すことは、少数派に対して「多数派に従いなさい」と言っているに等しいのではなかろうか。だとすると、むしろ少数派を抑圧する議論である。

教員としての良心と教員にとっての「職務の公共性」

　ここでいう教員の良心とは、私人としての世界観や歴史観といった個人的な思想・良心とは区別される、教員という専門職の良心であるとの有力な主張がある。起立斉唱を拒む教員にとって、学校儀式という同調圧力の強くかかる場での「君が代」斉唱は、特定の行動をとるよう子どもたちに「刷り込む」ことと認識される。しかもその行動は、少数とはいえ確実に苦痛を伴う者のいる行動であるだけに、それに加担することは教員としてできない、と決意を固める。子どもたち一人ひとりに自分の考えをもってほしいと願う教員にとっては自然なことかもしれない。まさに藤田裁判官の言う、「公的儀式の場で、公的機関が、参加者にその意思に反してでも一律に行動すべく強制することに対する否定的評価」のあらわれといえよう。

ところで、「職務の公共性」あるいは「公共性を担う」とは、学習指導要領や校長の職務命令に忠実なことであろうか。そうではなく、教員にとっての「職務の公共性」とは、「まずは目の前にいる子どもに対する責任において教育活動を適正に行う」ことだと考えるならば、「教師の職務が公共的であるがゆえに、『校長の奉仕者』には成り下がれない場面」もあり、ときに「教師は、子どもの教育を受ける権利を保障する機関として、子どもの教育に対する妨害的作用をシャットアウトすべき立場にある」（西原 2004：79頁以下）といえよう。旭川学テ訴訟最高裁判決は、教育内容への国家介入の抑制を説いた。起立斉唱を拒む教員の行動は、最高裁判決の教育観を体現しているとの見方もできるかもしれない。

【文献】
- 石田徹・高橋進・渡辺博明編『「18歳選挙権」時代のシティズンシップ教育―日本と諸外国の経験と模索』（法律文化社、2019年）
- 奥野恒久「教育と思想・良心の自由―「君が代」訴訟最高裁判決を手がかりに」龍谷法学第44巻第4号（2012年）
- 佐藤幸治『日本国憲法論』（成文堂、2011年）
- 恒藤恭『世界民の立場から』大阪市立大学大学史資料室復刻版発行（2013）
- 西原博史「教師における『職務の公共性』とは何か―職務命令に対する不服従の権利と義務を考える」世界725号（2004年）
- 西原博史「『君が代』伴奏拒否訴訟最高裁判決批判―『子どもの自由』を中心に」世界765号（2007年）
- 西原博史『良心の自由と子どもたち』（岩波書店、2006年）
- 樋口陽一「日本国憲法下の〈公〉と〈私〉―公共の過剰と不在」公法研究第54号（1992年）
- 福岡陽子『音楽は心で奏でたい―「君が代」伴奏拒否の波紋』（岩波ブックレット、2005年）
- 間宮陽介「国家自由主義への道」世界853号（2014年）
- 丸山眞男・古矢旬編『超国家主義の論理と心理』（岩波書店、2015年）
- 文部科学省『中学校学習指導要領解説　特別の教科　道徳編』（2017年）

第 5 章

公務員の人権

Intro 憲法15条2項は、「すべて公務員は、全体の奉仕者であつて、一部の奉仕者ではない」と規定する。この規定を根拠に、「公務員はつねに政治的に中立でなければならず、たとえ休日であっても『反原発デモ』のような政治的な表現活動をするべきではない。ましてや自分の支持する政党のビラを配布するなど、仮に自身が公務員であると名乗らなくてもしてはならない」という主張もある。このような主張をどう考えるべきだろうか。

1　表現の自由の意義

表現の自由の優越的地位

　憲法21条1項は、「集会、結社及び言論、出版その他一切の表現の自由は、これを保障する」と規定する。自分の言いたいことを自分のしたい方法（演説、チラシ、新聞・雑誌、テレビ・ラジオ、インターネット、絵画・写真、映画・芝居など）で表現する自由を憲法21条は保障するのである。今日では、インターネットやSNSを通じて、個人が社会に影響力を与えることもあるが、それでもテレビの影響力は巨大である。それゆえ、思いを共にする人たちが集まる集会やデモは、一つの重要な表現活動として位置づけられてきた。現在でも世界各地にて、デモは大きな政治的変革の契機となっている。
　他者とコミュニケーションをとることは、人間の本性であるとともに、そうすることで人は自らを知り成長させることができる。人が自らの思いや考えを

他者に伝え対話をするという表現活動は、個人の自己実現にとって不可欠なのである。また、選挙が制度化されていても、政党や候補者の政策等が広く知れ渡っていなければ選挙に意味はないし、様々な情報や考え方が流通し、それらをもとにいたるところで政治的議論が活発になされてこそ、民主主義は機能する。表現の自由は民主主義の前提基盤でもある。

　さらに「思想の自由市場」論というものがある。個々の言論に価値があるかないかは、国家が決めるのではなく市民が決めるべきであり、思想の自由市場を通じて真理に到達するとされる。加えて、表現活動は当然に権力批判も包含するため、歴史的に見ても権力者はしばしば弾圧してきた。たとえば日本でも、明治時代の自由民権運動が盛んなころ、讒謗律・新聞紙条例（1875年）や集会条例（1880年）を制定して表現活動を弾圧したように、表現の自由は権力に脅かされやすいのである。これらを根拠に、憲法学は、表現の自由は優越的地位にあるとし、それへの規制は裁判所の違憲審査を通じてより慎重になされなければならない（裁判所により厳格に審査されなければならない）と解してきた。

　特に注意すべきなのが、表現に対し権力的に弾圧を加えなくても、国民の側が自己抑制をして本来表現してよいにもかかわらず、あえてそれをしないという事態である。これは、「表現の自由の自主的放棄」を帰結する。憲法学が「萎縮効果」として強く警戒する問題である。市民の表現活動の萎縮しやすさに着目して、表現の自由の再構築を試みる毛利透は、「憲法は、臆病者の勇気をくじかず、促進するインセンティブを与えなければならない」（毛利 2008：47頁）と主張する。市民が自主的に表現活動を行うことは、それが集いの開催であれチラシの配布、街頭演説、デモへの参加であれ、現実には相当な労苦をともなう萎縮しやすい行為である。それゆえ、憲法や憲法理論には、この困難な行為への権力的規制に対峙して自由を擁護するのみならず、むしろその自由の行使を積極的に促すことが求められているといえよう。

二重の基準論

　表現の自由の優越的地位という考え方を前提に憲法学が確立してきた理論として、二重の基準論がある。これは、表現の自由など精神的自由への規制に対

しては、裁判所は厳格な審査を適用するが、経済的自由への規制に対しては緩やかな審査を適用するというものである。したがって、表現の自由への規制が裁判で争われると、その規制が合憲であると主張する側に立証責任が課されることになる。

　憲法21条2項前段が「検閲は、これをしてはならない」と定めていることから、「事前抑制禁止の原則」が導かれる。検閲について、最高裁は税関検査合憲判決において（最大判1984・12・12）、「行政権が主体となって、思想内容等の表現物を対象とし、その全部又は一部の発表の禁止を目的として、対象とされる一定の表現物につき網羅的一般的に、発表前にその内容を審査した上、不適当と認めるものの発表を禁止すること」と定義している。この定義には、学説から狭すぎると批判されている。また、表現の自由を規制する法令の文書は、萎縮効果を抑止する観点からとりわけ明確でなければならない、とされる（明確性の原則）。それゆえ、不明確な文言の法令は「漠然性ゆえに無効」、規制の範囲があまりにも広範で違憲的に適用される可能性のある法令は「過度の広範性ゆえに無効」とされる。

　自由を規制するには、当然その目的（立法目的）があり、その目的を達成するための手段がある。厳格な審査においては、立法目的は「やむにやまれぬ重大なもの」（compelling interest）でなければならず、主として害悪の発生を抑止することが想定される。アメリカの判例で用いられる「明白かつ現在の危険」の基準は、ある表現行為が重大な害悪を引き起こす蓋然性が明白でかつ時間的に切迫していることが示された場合のみ、規制が許されるというものである。また目的達成の手段は必要最小限度でなければならない。すなわち立法目的を達成するために規制の程度のより少ない手段（less restrictive alternative）が存在するかどうかを具体的・実質的に審査し、それがあり得るとなると当該規制は違憲とされる（LRA の基準）。

　もっとも、最高裁や有力学説は、表現内容への規制と表現のなされる時や場所、その手段を規制する内容中立規制とを区分し、後者については審査基準を幾分緩めることを容認している。

2 政治的表現の自由の現在

ビラ配布が犯罪に

　2000年代になってから、ビラを投函する行為が犯罪に当たるとして摘発される事件が相次いだ。2004年2月、市民グループ「立川自衛隊監視テント村」のメンバー3人が東京都立川市にある防衛庁（当時）宿舎の各室玄関ドアの新聞受けに、自衛隊のイラク派遣に反対する趣旨のビラを投函したとして住居侵入罪（刑法130条）の容疑で逮捕・起訴された（立川テント村事件）。刑法130条は、「正当な理由がないのに、人の住居若しくは人の看守する邸宅、建造物若しくは艦船に侵入し、又は要求を受けたにもかかわらずこれらの場所から退去しなかった者は、3年以下の懲役又は10万円以下の罰金に処する」と規定している。

　同年3月には、東京都中央区で社会保険庁の職員が休日に勤務先とは離れたところで日本共産党の機関紙を集団住宅の新聞受けに投函したところ、国家公務員法（国公法）102条1項が禁止する「政治的行為」にあたるとして逮捕・起訴された（堀越事件）。

　さらに2004年12月には、東京都葛飾区のマンションで日本共産党の「都議会報告」「区議会報告」を配布した男性が住居侵入の容疑で逮捕・起訴されている（葛飾事件）。また2005年9月には、東京都世田谷区の集合住宅で、ここでも共産党の機関紙を投函した厚生労働省職員（課長補佐）の行為が政治的行為にあたるとして起訴された（世田谷事件）。宅配ピザなど商業ビラがポストに入れられていることは日常的によくあることで問題にされることもないが、政治的な主張や政権への批判的な言論は摘発されているのである。

ビラ配布を有罪とした最高裁

　立川テント村事件につき、第一審東京地裁は、住居侵入罪の構成要件に該当するとしつつも、行為の動機は政治的意見の表明という正当なもので、行為形態も相当性を逸脱しておらず、法益の侵害も極めて軽微なものにすぎず、刑事罰を処するに値する程度の違法性はないとした。ところが第二審東京高裁は、

管理者の意思に反することを強調して構成要件に該当するとしたうえで、政治的意見表明であっても管理者の意思に反してまで立ち入ってよいものではない、と述べる。また管理者がビラ配りを禁止する表示を行っていたにもかかわらずの行為ゆえ、その態様も相当とはいえない。さらに居住者らの受けた不快感などから法益侵害の程度も極めて軽微とはいえないとして、有罪とした。そして最高裁は、上告を棄却して控訴審判決が確定している（最判2008・4・11）。

　葛飾事件についても、最高裁は、「本件は表現そのものを処罰することの憲法適合性が問われているのではなく、表現の手段すなわちビラの配布のために本件管理組合の承諾なく本件マンションに立ち入ることの憲法適合性が問われている」との認識を示し、罪に問うことは合憲であるとした（最判2009・11・30）。

猿払事件

　堀越事件と世田谷事件の二つは、国公法違反事件である。国公法違反事件のリーディングケースといえば、猿払事件最高裁判決（最大判1974・11・6）である。猿払事件とは、北海道北部の郵便局に勤務する現業公務員が勤務時間外に組合推薦の議員候補者の選挙用ポスターを掲示・配布したことが、国公法102条1項および人事院規則14-7に違反するとして、起訴された事件である。この事件で最高裁は、①規制目的（立法目的）の正当性、②規制手段（目的達成の手段）と規制目的との間に抽象的・観念的であれ関連性（合理的関連性）があるか、③規制によって得られる利益と失われる利益との均衡の検討が必要だとした。そして、「行政の中立的運営およびこれに対する国民の信頼を確保するため、公務員の政治的中立性を損なうおそれのある政治的行為を禁止することは、まさしく憲法の要請に応え、公務員を含む国民全体の共同利益を擁護するための措置にほかならないのであって、その目的は正当というべきである」。「（公務員の）政治的行為を禁止することは、禁止目的との間に合理的な関連性があるものと認められるのであって、たとえその禁止が、公務員の職種、職務権限、勤務時間の内外、国の施設の利用の有無等を区別することなく、あるいは行政の中立的運営を直接、具体的に損なう行為のみに限定されていないとしても、

右の合理的な関連性が失われるものではない」。「公務員の政治的中立性を損うおそれのある行動類型に属する政治的行為を、これに内包される意見表明そのものの制約をねらいとしてではなく、その行動のもたらす弊害の防止をねらいとして禁止するときは、同時にそれにより意見表明の自由が制約されることにはなるが、それは、単に行動の禁止に伴う限度での間接的、付随的な制約に過ぎず、かつ、国公法102条1項及び規則の定める行動類型以外の行為により意見を表明する自由までをも制約するものではなく、他面、禁止により得られる利益は、公務員の政治的中立性を維持し、行政の中立的運営とこれに対する国民の信頼を確保するという国民全体の共同利益なのであるから、得られる利益は、失われる利益に比してさらに重要なものというべきであり、その禁止は利益の均衡を失するものではない」として、公務員の政治活動の自由への規制を認めたのである。

　最高裁は、「国民の信頼の確保」という要請を持ち出し、行政の実質的公正よりも「公正らしさ」という外観を保つことを重視した（浦部 2016：180頁以下）。また、公務員の地位や職務内容といった個別的事情を捨象し、「一体となって国民全体に奉仕すべき責務を負う行政組織」の中立性確保を強調したのである。これらの結果、公務員も政治活動の自由を有するという前提そのものを否定したことになり、学説から強い批判がなされてきた（佐藤 2011：163頁以下）。

国公法違反事件

　堀越・世田谷事件において、両地裁判決は、猿払事件最高裁判決に依拠して有罪としたが、第二審にて判決は分かれる。堀越事件第二審判決は、国公法の合憲性につき、「国民の信頼確保」の要請に着目し、職種や職務や行為態様を考慮せずに一律全面的に合憲とする猿払判決は見直すべきとして適用違憲・無罪の判決を出した。他方、世田谷第二審判決は、やはり猿払判決に基づいて有罪としている。

　2012年、最高裁第二小法廷は、二つの国公法事件につき各原判決の結論を維持した。すなわち最高裁は、国公法102条にいう「『政治的行為』とは、公務員

の職務の遂行の政治的中立性を損なう恐れが、観念的なものにとどまらず、現実的に起こり得るものとして実質的に認められるものを指す」と限定解釈を施す。そのうえで、堀越事件については被告人の行為に「公務員の職務の遂行の政治的中立性を損なうおそれが実質的に認められない」として無罪判決を維持したのに対し、世田谷事件については被告人が「管理職的地位」に立っていることから「政治的中立性を損なうおそれが実質的に認められる」として有罪判決を維持したのである（最判2012・12・7）。

特定秘密保護法

　公務員の政治活動が規制される一方で、国家情報の機密化をはかる、特定秘密保護法が2013年12月に制定された。この法律の骨子は、①防衛、外交、特定有害活動（スパイ活動）の防止、テロリズムの防止に関する情報で、「特段の秘匿の必要性があるもの」を大臣等が「特定秘密」に指定する、②特定秘密を取扱者（行政機関の職員、契約業者、警察官）が漏えいすると、10年以下の懲役という厳罰に処す、③特定秘密を、欺いたり脅迫したり施設に侵入したり、不正アクセス等によって、取得すると、5年以下の懲役という厳罰に処す、④特定秘密の取扱者には、テロリズムとの関係、犯罪・懲戒歴、精神疾患、飲酒の節度、信用状態・経済状況、薬物濫用等につき調査する「適正評価」を実施する、というものである。なおこの法律では、「テロリズム」について、「政治上その他の主義主張に基づき、国家若しくは他人にこれを強要し、又は社会に不安若しくは恐怖を与える目的で人を殺傷し、又は重要な施設その他の物を破壊するための活動」と定義された。

　この法律の問題点は、第一に「特定秘密」の範囲が極めて広範に及び、いわゆる「密約」や警察情報、原発関連情報もが秘密事項になり得る。それらに対する漏えいのみならず、欺いての取得なども処罰の対象となることから、報道関係者の取材の自由、研究者の学問の自由、国民の知る権利などを脅かしかねない。そもそも国民主権の憲法の下、公的情報は国民に知らされ広く論じられる必要があるが、この法律は重要情報を隠そうというのである。第二は、公務員のみならず、行政機関から委託を受けた研究者や民間の技術者なども対象と

なる「適正評価」制度である。調査は犯罪・懲戒歴から精神の自由の問題、さらには健康の問題にかかわる通院歴にまで及び、またその家族も対象に、広範なプライバシー調査がなされるのである。

3　公務員の政治活動規制をめぐる憲法問題

国公法・地公法による政治活動の規制

　国公法は1947年に（1948年12月に大改正）、地方公務員法（地公法）は1950年に制定されている。両法は、公務員の職を一般職と特別職に区分し、一般職にのみ適用される。

　国公法102条は、政党または政治的目的のために、寄附金その他の利益を求め、若しくは受領すること（1項）、公選による候補者になること（2項）、政党その他の政治的団体の役員・顧問となること（3項）を禁じるのみならず、「選挙権の行使を除く外、人事院規則で定める政治的行為をしてはならない」（1項）と規定し、これを受けて人事院規則14-7は、「政治的目的」（5項1号～8号）をもって、「政治的行為」（6項1号～17号）を行うことを禁止している。注目すべきことは、人事院規則が「職員が勤務時間外において行う場合」も規制していることであり（4項）、さらに「政治的目的」のなかに、選挙での候補者や政党への支持・反対、最高裁裁判官の国民審査といった投票「制度」への関与のみならず、「政治の方向に影響を与える意図で特定の政策を主張し又はこれに反対すること」（5項5号）という、純然たる表現までもが含まれていることである。さらに国公法は、禁止違反に対して懲戒処分（82条）だけでなく、刑罰（110条1項19号）も規定している。

　地公法は、国公法に比べると禁止行為の範囲を限定し、地公法自身が「政治的目的」を「特定の政党その他の政治的団体又は特定の内閣若しくは地方公共団体の執行機関を支持し、又はこれに反対する目的」と定め、この目的でなされる「政治的行為」も地公法で定めているほか、「条例で定める」としている（36条2項）。また、違反者に対する刑事制裁の規定はなく、懲戒処分のみが可能となる。

教員の政治活動規制

　教育公務員特例法（以下、「教特法」）18条1項は、教育公務員の政治的行為の制限は国家公務員の例によるとする。それゆえ、人事院規則14-7により、「特定の政党その他の政治団体を支持しまたはこれに反対すること」のみならず、「特定の内閣を支持しまたはこれに反対すること」、「政治の方向に影響を与える意図で特定の政策を主張しまたはこれに反対すること」なども政治的目的とされ、それらを目的として集会等で拡声器を利用して意見を述べるなどの政治的行為は禁じられている。もっとも教特法18条2項により、教育公務員がこれら制限に反しても罰則の適用を受けることはないが、懲戒処分の対象となる。

　また、公職選挙法137条は、教育者が生徒・学生に対して教育上の地位を利用して選挙運動をすることを禁止している。ここでいう教育者とは、国立・公立・私立を含む学校等の教員である。「教育上の地位を利用して」いるかどうかについて、総務省・文科省の『指導資料』によると、「例えば、教育者が自己の勤務する校区内において選挙演説を行っても、それだけでは地位利用とはならないが、積極的に自分の身分を明らかにして保護者に呼びかける場合や、校区内において回を重ねて選挙運動を行う場合には、『教育上の地位を利用して』と認められる場合もある。また教育者が、特定の候補者の推薦人として自己の肩書または氏名を記載したポスターをその校区内に掲示する場合も、それだけでは教育上の地位利用にはならないが、その校区内のみまたはその校区内に大部分のポスターを掲示されているような場合には、『教育上の地位を利用して』と認められる場合もある」と説明している。そして、公職選挙法137条に違反した場合は、1年以下の禁錮または30万円以下の罰金に処されるとの罰則規定がある。

大阪市職員政治活動規制条例

　2012年7月、大阪市では当時の橋下徹市長の下、国公法・人事院規則の禁止する広範な政治的行為を、地方公務員である大阪市職員にも適用するという「職員の政治的行為の制限に関する条例」を制定している。条例は、人事院規則に準拠して10項目を規定する（2条1号〜10号）。また、先述の地公法が定め

る「政治的目的」の範囲を拡大させ、「公の選挙若しくは投票において特定の人若しくは事件を支持し、若しくはこれに反対する目的」を加える。さらに当初は、懲役刑を含む刑事罰を盛り込みたかったようだが、政府からの指摘と多くの批判を受けて、「懲戒処分として戒告、減給、停職又は免職の処分をすることができる」（4条）としている。禁止されている10項目の中には、例えば「多数の人の行進その他の示威運動を企画し、組織し、若しくは指導し、又はこれらの行為を援助すること」（2条4号）というものもある。はたして「反原発デモ」への参加は禁じられるのであろうか。そもそも「政治的目的」に該当しないといえるのだが、取り締まる側からすると、その主張内容を政権批判や特定政党支持と関連づけることは容易であろう。

　市は同年8月10日に、具体的な事例を挙げて禁止対象になるかどうかを示した運用指針を職員に通知した。「毎日新聞」8月16日の報じるところでは、政治活動の制限は勤務時間の内外を問わず、休職・休暇中も対象となり、区役所の職員は区内、他の職員は市内での活動が制限される。具体的な活動内容については、「政治団体への寄付、会費の支払い」＝○（可）、「政党機関紙の個人的な購読」＝○、「政党機関紙を組織的、計画的に回覧」＝×（不可・懲戒処分の対象）、「デモへの参加」＝○、「政党や組合などの非公開の会合で政治的な発言」＝○、「公会堂や公園、街路などでの政治的な発言」＝×、「職員組合が、選挙で特定の候補者の支援を決議」＝○、「上記の決議を外部に配布したり、積極的に発表」＝×、「自宅に特定の政党を支持するポスターを掲示」＝×、「政治的な演劇に出演、チケット購入」＝○、「政治的な演劇の演出、脚本や資金の提供、宣伝」＝×、だという。もっとも、デモへの単なる参加は認められるが、「消費税増税反対」などのデモを企画する場合、政党や内閣を支持・反対する目的が明確なときは違反となるというから、不明確さは払拭されない。

「全体の奉仕者」の意味

　改めて Intro についてである。日本国憲法15条2項は「すべて公務員は、全体の奉仕者であつて、一部の奉仕者ではない」と定める。この「全体の奉仕者」を根拠に、公務員の人権制限を正当化する議論が存在するし、判例もかつ

てはそのような立場に立っていた（最大判1958・4・16）。明治憲法下以来の「特別権力関係論」という理論と整合していた。「特別権力関係論」とは、国・地方の公務員や刑務所等に収容されている在監者、国公立学校に在籍している生徒・学生は、国や地方公共団体との間に、一般国民とは異なった特別の関係があるので、一般国民とは異なった特別の人権制約を受ける、というものである。この理論は、公務員関係・在監関係・在学関係といったまったく性質の異なる法律関係にある者を一括に捉え、個別の人権制約の必要性が不問とされるため、現在の人権論としてはもはや通用しないといえよう。

　現在の憲法学説は、「全体の奉仕者」について明治憲法下の「天皇の使用人」ではなく、国民全体のために奉仕すべき、すなわち国民の一部・国民の一階層のために奉仕すべきでない、ということを意味するに過ぎないと解している。それゆえ、職務遂行にあたって自らの政治的立場を持ち出すことは許されず、「行政の政治的中立性」が要請されるのはもちろんであるが、この要請は、公務員が一個人・一市民として、職務とは無関係に行う政治活動にまで及ぶものではない。日本国憲法において、人権の制約が許されるのは具体的な害悪の発生を抑止する場合に限られるというのが基本であり、公務員も一人の個人として政治活動の自由を有するのである。だとすると、公務員の人権制約は、その「全体の奉仕者」という地位に着目してではなく、その職務遂行が具体的な害悪を生むことを抑止する場合に限ってなされるべきである。そこで憲法学の通説は、「行政の政治的中立性」を確保するために、公務員の地位や職務内容に応じて政治活動の自由に対し必要最小限度の制限に限って許容されるとしており、職務と無関係に勤務時間外に職場外で行う政治活動までも禁止する、現行の公務員法（とりわけ国公法）は、過度に広範な規制として憲法21条に違反するといえよう。

公務員の政治活動・市民活動

　公務員が真に国民や市民のための行政を担うためには、公務員も一個人・一市民として政治活動や市民活動を通じて、市民の思いや声と接することはむしろ重要なことではなかろうか。市民の思いと乖離した公務員は、「政治的中立

性」を掲げてはいるものの、かえって首長など行政府のトップの意向のみを意識した行政の担い手になりはしないだろうか（いわゆる「忖度」）。

　教員にしても、ときに政治的に対立する問題を素材に生徒・学生と対話をすることがあるだろう。そのさい、教員は当該問題について、自らの問題として受け止め、自らの考えを深めていなければ、生徒・学生と人格的接触をはかるなど困難であろう。教員が市民的な議論の場に積極的に参加し、新たな情報や多様な知見に接するとともに自身の考えを述べることは、自身の考えを深める重要な手法の一つであろう。

　教員を含む公務員が、職務を遂行するにあたって自らの政治的立場を持ち出すことは断じて許されない。だが、それぞれが職務と離れて政治活動や市民活動に参加することは、国民・市民のための行政という観点からも、意味のあることではなかろうか。

【文献】
- 芦部信喜・高橋和之補訂『憲法第7版』（岩波書店、2019年）
- 浦部法穂『憲法学教室第3版』（日本評論社、2016年）
- 京都憲法会議監修／木藤伸一朗・倉田原志・奥野恒久編『憲法「改正」の論点―憲法原理から問い直す』（法律文化社、2014年）
- 佐藤幸治『日本国憲法論』（成文堂、2011年）
- 総務省・文部科学省『私たちが拓く日本の未来―有権者として求められる力を身に付けるために（活用のための指導資料）』（2015年）
- 毛利透『表現の自由―その公共性ともろさ』（岩波書店、2008年）

第 6 章

外国人の人権

Intro 1 「外国人は、日本に帰化して日本国籍を取得してから選挙権を得るべきだ」という主張は、日本社会に根強く存在する。それに対し、東京郊外で「異文化を愉しむ会」を運営する在日コリアン二世の呉文子さんは、「こうした議論は、あまりにも日本と朝鮮半島との歴史（日本居住の歴史的経緯や生活実態）などを知らない発想としか思えない。在日コリアンの定住が植民地支配に起因していることを記憶から呼び覚ましてほしい。在日コリアンが、何ゆえに人権と民族的尊厳とをかけて国籍を維持しようとしているのか。とくに、日本社会の厳しい差別に耐えてきた在日一世にとっては、国籍を変えることへの屈辱感は拭えないし、いまやアイデンティティの砦ともなっている」と批判したうえで、現在は、「世代交代が進む中で、在日コリアンにとって国籍は、差別、アイデンティティ、機能性などといったさまざまな問題が存在していて、簡単な問題でなくなっている」と指摘する。そのうえで呉氏は、「地方参政権は、福祉や生活など地域社会に密着した問題を地域住民の総意で解決するために住民に認められたものである。納税をはじめ地域住民としての義務を果たしている外国籍住民に、地方参政権が付与され、外国人への施策がどのようなものであるかを知り、意思決定することは地域住民として当然の権利だと思っている。そのためにも、ぜひ外国籍住民である私も一票を投じたいと願っている」、「外国籍住民の一人として、自分のルーツとアイデンティティを大切にしながら、この地域での義務と責任を果たし、地域社会の発展に貢献したい」と主張する（呉文子「私の一票が地域社会に貢献できたら」週刊金曜日794号（2010年））。

外国人の地方参政権、とりわけ永住者の地方参政権についての呉さんの主張をどう考えるべきだろうか。

Intro 2 2018年12月、「出入国管理及び難民認定法」を改正して、日本は外国人労働者を大幅に受け入れる方向にシフトした。人口減少、少子高齢化により「産業界の人手不足は深刻だ」といわれる。では、外国人の人権をめぐる歴

史や現状を踏まえるなら、この動きをどう考えるべきだろうか。

1　国籍法制

出生による国籍取得

　日本国憲法10条は、「日本国民たる要件は、法律でこれを定める」と規定し、「国籍要件法定主義」をとっている。国籍の取得は、出生による国籍取得と出生後の国籍取得に大別される。出生による国籍取得の方法は、日本のように親の血統に従い親と同じ国籍を子に取得させる血統主義と、アメリカのように出生に際しその出生国の国籍を子に取得させる出生地主義とに区分される。もっとも今日では、多くの国で両主義が併用されている。

　1950年制定の国籍法2条は、重国籍の防止を主たる理由として、出生時に父が日本国民であれば子は日本国籍を取得するという父性優先血統主義をとっていた。しかし、男女平等の原則からの批判に加え、父が外国人で母が日本人の場合に子に無国籍者が生ずるとして違憲訴訟も提起された。そこで、女子差別撤廃条約批准に先立つ1984年に国籍法は改正されて、「出生の時に父又は母が日本国民であるとき」という父母両系主義を採用することになった。

国籍法事件

　2008年に改正される前の旧国籍法3条1項は、「父母の婚姻及びその認知により嫡出子たる身分を取得した子で20歳未満のものは、認知をした父又は母がこの出生の時に日本国民であった場合において、その父又は母が現に日本国民であるとき、……日本国籍を取得することができる」と定めていた。そのため生まれた子が非嫡出子の場合、出生後に両者の婚姻により嫡出子身分を取得した（準正のあった）場合に限って届出による日本国籍の取得が認められていたのである。認知されただけの子と準正のあった子との間の格差は、憲法上容認できるのかが、争われた。

　最高裁は、日本国籍は我が国にて基本的人権の保障、公的資格の付与、公的

給付等を受けるうえで「重要な地位」であるが、嫡出子かどうかは子の自らの意思や努力で変えることのできないものであるゆえ、「慎重な検討」が必要であるとした。そのうえで、国籍取得にあたって「日本との密接な結びつき」の指標として準正を要件としたことに合理性はあったが、その後の立法事実の変化により現在では合理性はなく、違憲だとし、日本国民たる父によって認知されたにとどまる子にも、届出による国籍取得を認めるべきだとした（最大判2008・6・4）。本判決を受けて、2008年12月、国籍法3条1項の準正の部分は、「父又は母が認知した子で20歳未満のもの」というように改正された。

帰　化

　国籍法4条は1項で「日本国民でない者（以下「外国人」という。）は、帰化によつて、日本の国籍を取得する」と定め、2項で「帰化するには、法務大臣の許可を得なければならない」と規定している。さらに5条が定める「素行が善良であること」（3号）といった条件を満たす者について法務大臣が許可することになる。それゆえ、帰化は当人のアイデンティティに関わる重要な問題である。たとえば、帰化申請にさいしての名前の変更について、かつて「民族意識の発露としてことさらに外国人的な呼称の氏に固執するということになると、帰化により日本国民とするにふさわしい者とはいえない」とされていた。これが、1993年の自由権規約委員会等、国連の条約実施監視機関の締約国審査で問題にされ、2000年代には名前の変更要求はなくなる。だが、法務当局の実務レベルでは「帰化後の氏名は、日本人になるのだから日本人らしい名前に」という「誘導」が行われてきた。現在でも「帰化後の氏名は、原則として常用漢字表、人名漢字表に掲げる漢字及びひらがな又はカタカナ以外は使用できません」との制約があるため、崔、姜、趙、尹といった朝鮮民族や漢民族の一般的な姓を放棄せざるを得ない人がいるのである（岡本 2010：6頁以下）。

2　在日外国人をめぐる歴史的背景

植民地支配

　Intro 1 を考えるさいに、絶対に押さえておかなければならないことは歴史的背景であろう。明治時代、日本は1894年の日清戦争に勝利して下関条約により台湾を植民地とする。1904年の日露戦争前後から日本は朝鮮半島支配に乗り出し、軍事施設工事や鉄道工事を日本の土建業者が行うようになる。また、日本国内でも鉄道工事や発電所工事が大規模に行われだし、各地の土木工事に請負業者に連れてこられた朝鮮人労働者が従事するようになる。1910年の韓国併合により、朝鮮人は強制的に日本国籍をもつ「帝国臣民」となる。ところが、日本人と朝鮮人とは法的に異なった戸籍に登録されることになり、両者間の移動は結婚等を除いて禁止されていた。したがって、朝鮮人が長期にわたって日本内地で生活しても、日本に本籍を移すことはできなかった。1910年代は日本の工業化が急激に成長する時期に当たり、製糸工場や紡績工場で働く朝鮮人女性労働者が増加する（水野・文 2015：8頁以下）。

　日本は朝鮮半島の植民地支配において、土地調査事業によって土地所有権の明確化を進めたため、土地を失い仕事を失った朝鮮人が日本に渡航した。また、日本語教育が進められたこと、連絡船や鉄道などの交通手段や郵便などの通信手段が整備されたことが、朝鮮人の日本渡航を後押しした。さらに、朝鮮半島内の公務員・教員・警察官といった公職の多くを日本人が占めたため、朝鮮人がこういった職を得ることが難しく職を求めて日本に渡ったようである（水野・文 2015：22頁以下）。

　1919年3月1日、朝鮮王朝の国王・高宗の葬儀に合わせて、ソウルなどで独立宣言が読み上げられ、集会やデモがなされるという大規模な抗日運動が起こった（三一独立運動）。朝鮮から日本に学びに来ていた留学生が、朝鮮や中国の各地の朝鮮人指導者と連携をとり運動を行ったのがきっかけであった。農村部にも広がったこの運動は、約2ヵ月にわたって展開されるが、日本の軍隊や警官隊によって鎮圧される。

関東大震災

　1923年9月1日、関東大震災が起こり、混乱する状況のなかで多くの朝鮮人が軍隊・警察、そして各地で組織された自警団・青年団によって虐殺されている。その数は、政治学者の吉野作造の調査では2711名、朝鮮人留学生らの調査では6415名とされる（水野・文 2015：18頁）。「朝鮮人が井戸に毒を投げ込んだ」とのデマが流れ、内務省も「朝鮮人は各地に放火し、不逞の目的を遂行せんとし」ている、という電報を各地に送ったことが契機となっている。この虐殺の背後には、日本の治安当局が三一独立運動の後、朝鮮人に対し警戒感を高めていたこと、第一次世界大戦後の不景気で失業者が急増するなか、その原因が朝鮮人渡航だと宣伝されたことなどがあげられている。だが、根本には朝鮮人を「人間視」しない当時の社会的風潮があったといえよう（在日韓国青年同盟編 1970：15-20頁）。

アジア太平洋戦争

　1931年の満州事変を皮切りに、日本はアジア太平洋戦争に突入する。日本政府は1934年に「朝鮮人移住対策の件」を閣議決定し、日本渡航者を減らす一方で、在日朝鮮人の管理・統制と日本社会への同化を課題とする。そこで、在日朝鮮人の神社参拝、国旗掲揚、日本語常用などで「皇民化」を進め、さらには勤労奉仕などで戦時体制に組み込んでいった。

　1938年に国家総動員法が、1939年には国民徴用令が施行される。日中戦争で日本人男性が兵隊として動員されるなか、炭坑や鉱山での労働力不足を補うために、朝鮮人も動員されることになる。1939年からは、日本の企業が政府と朝鮮総督府の協力の下での募集という方式がとられた。しかし、労働者を十分集めることができなかったため、1942年からは、朝鮮総督府が動員可能な者を調べて集めるという官斡旋方式がとられる。そして1944年からは法的強制である徴用が行われる。これらの実体は、内務省職員が「拉致同様な状態」と評するように強制動員であったといえよう。1939年度から1945年度までの日本内地への移入実数は、67万人とされる（水野・文 2015：66頁以下）。

戦後の在日朝鮮人

　1945年8月、アジア太平洋戦争に敗れた日本には、朝鮮人が200万人、中国人が9万人いたとされる。彼らのなかには帰国を急ぐ者がいる一方、日本国内に生活拠点を見出す者もおり民族運動も展開されだす。1945年12月に衆議院選挙法が改正され、女性を含む20歳以上の普通選挙制度が導入されることになる。だがその一方で、「戸籍法ノ適用ヲ受ケザル者ノ選挙権ヲ当分ノ内之ヲ停止ス」として、日本国籍をもつ旧植民地出身者の選挙権を停止したのである。1947年5月、日本国憲法施行の直前に、最後の勅令として「外国人登録令」が発布され、これまで日本国民であることが強制されてきた旧植民地出身者が外国人とみなされ、管理が強化されることになる。1952年4月、サンフランシスコ講和条約が発効する。この条約の2条は、日本国は朝鮮・台湾に対するすべての権利・権原を放棄すると定めている。この条約の発効を機に、日本政府は法務府民事局の通達によって旧植民地出身者の日本国籍を失わせたのである。そこで旧植民地出身者は1951年公布の出入国管理令の対象となるため、国外退去強制を含む管理下におかれ、外国人登録証の常時携帯や指紋押捺（1955年の外国人登録法改定により導入）を義務づけられることになった。

ニューカマー

　出入国管理令は、日本の難民の地位に関する条約への加入（1981年）に伴って、1981年10月に「出入国管理及び難民認定法」（入管法）という法律になる。1980年代後半、バブル期で人手不足が深刻化するなか、政府は専門的・技術的労働者は積極的に受け入れるが、「単純労働者」は受け入れないという基本方針をとった。1989年に入管法を改正し、就労に制限のない在留資格「定住者」を創設して、日本人との「血」のつながりのある日系三世に「定住者」という在留資格を付与することにする。これにより、ブラジルなど南米からの「デカセギ」外国人が製造業の盛んな地域に急増するのである。

　またこの1989年の入管法改正によって、日本の優れた技能等を途上国に移転する「国際貢献」を名目に「研修」という在留資格を創設する。当初、派遣機関は日本企業の現地法人や合弁会社に限られ、受け入れ人数も従業員20人に1

人と制限していた。ところが、1990年8月から、商工会や中小企業団体等を通じて受け入れる「団体管理型」方式が導入され、中小企業も研修生を受け入れることになる。1993年には、1年間の研修終了後に労働者として技能実習を行う「特定活動」という在留資格を創設する。現在では、この技能実習制度により農業、漁業、建設業、パン製造や惣菜製造など70以上もの業種に、2018年で約25万人の外国人が従事している。2017年からは新たに「介護」も加わり、さらには「コンビニ」も業種に加えようという動きがある（芹澤 2018：100頁以下）。

　2008年から、経済連携協定（EPA）を結ぶ東南アジアの国々から看護や介護の人材を受け入れる制度が始まった。この制度の下、一定の期間内に日本の看護師・介護福祉士といった資格試験に合格すると日本に定住することができるのだが、日本語の習得が難しく国家試験に合格する外国人が少ないのが実情で、たとえば外国人の看護師の合格率は2018年2月の試験で17.8％（全体の合格率は91％）である。

　そのほか、国家戦略特区により入管法の規制を緩和することで、たとえば東京都・大阪府・神奈川県で「家事労働者」の受け入れが行われている。また、2020年をめどに留学生を30万人受け入れる計画なども進められている（芹澤 2018：48頁以下）。

3　外国人の人権をめぐる憲法問題

外国人の人権享有主体性

　外国人が憲法第3章の保障する権利の享有主体となるかをめぐっては、従来、第3章が「国民の権利及び義務」となっていることを理由に否定説が有力であった。しかし、外国人も前国家的な自然権は当然に有すること、日本も国際人権諸条約を批准していることなどから、肯定説が通説となる。肯定説のなかにも、憲法条文の「国民は」か「何人も」かで識別する文言説と、権利の性質に着目する性質説とに区分されてきたが、マクリーン事件最高裁判決（最大判1978・10・4）以降、通説・判例は性質説で決着済みといえよう。

マクリーン事件とは、アメリカ国籍の外国人教師が在留期間の更新を申請したところ、無断転職と政治活動を理由に不許可とされたため、その処分の取消しを求めた裁判である。最高裁は、「憲法第3章の諸規定による基本的人権の保障は、権利の性質上日本国民のみをその対象としていると解されるものを除き、わが国に在留する外国人に対しても等しく及ぶものと解するべき」だとしたが、外国人の在留の許否は国の裁量に委ねられており、憲法上わが国に在留する権利が保障されているものではない、と判示した。従来、性質説から、入国の自由に加え、社会権については当人の所属する国家によって保障されるべきであるとして、また参政権や公務就任権は国民主権原理を理由に、外国人には保障されないとする立場が一般的であったが、現在では社会権や公務就任権などで、その再検討が進んでいる。

外国人の類型

権利の性質に注目するとともに、外国人も一括りに論じることは適切ではなく、その類型化が必要となる。「出入国管理及び難民認定法」を参考に類型化を試みるならば、(a) 法務大臣から永住を認められ、在留期間・活動に制限がなく在留審査の必要もない永住者（一般永住者と、1991年の「日本国との平和条約に基づき日本の国籍を離脱した者等の出入国管理に関する特例法」の定める特別永住者、いわゆる在日韓国・朝鮮人）、(b) 法務大臣が一定の在留期間を指定して居住を認める定住者、(c) 90日以上の在留者であるその他の登録外国人、(d) 90日未満の一般外国人、(e) 難民、に分類できよう。

外国人の社会権

従来、外国人の社会権保障について、学説・判例は消極的であった。たとえば、1959年制定の旧国民年金法は、この制度の発足以前に初診日のある低所得者を対象に全額国庫負担の障害福祉年金を設けていたが、同法56条1項は「ただし、その者が廃疾認定日において日本国民でないときは、この限りでない」と定めていた。日本で生まれ幼少時にはしかによって失明した在日韓国人の女性が、日本人男性と結婚後に日本に帰化して旧国民年金法の障害福祉年金を申

請したところ、廃疾認定日に日本国民であるという要件を満たしていないとして、却下された。そこで、この処分の取消しを求めて出訴した（塩見訴訟）。最高裁は、「限られた財源の下で福祉的給付を行うに当たり、自国民を在留外国人より優先的に扱うことも、許される」（最判1989・3・2）として、社会保障施策において在留外国人をどのように処遇するかは国の政策的判断によって決められると、広範な立法裁量を認めた。この判決に対し、学説からは国際的な傾向も踏まえ、強い批判が出されている。

　もっとも、健康保険や雇用保険など拠出制の社会保険にはそもそも国籍要件はなく、国民年金、児童扶養手当についても、「難民の地位に関する条約」（1981年）の批准に伴う法改正によって国籍要件は撤廃された。生活保護法は国民を対象とするが、厚生省社会局長通知により実務では、「生活に困窮する外国人に対しては一般国民に対する生活保護の決定実施の取扱に準じて」保護を行うこととされている。もっとも最高裁によると、この保護は行政措置にとどまり受給権に基づくものではないとする（最判2014・7・18）。

外国人の参政権

　従来の憲法学説は、国政選挙・地方選挙を区分することなく、憲法の国民主権原理を根拠に、選挙権を認めることに消極的であった。ところが、在日韓国人が地方選挙権・被選挙権を求めた訴訟の最高裁が画期となる（最判1995・2・28）。すなわち、「憲法93条2項にいう『住民』とは、地方公共団体の区域内に住所を有する日本国民を意味するものと解するのが相当であり、右規定は、我が国に在留する外国人に対して、地方公共団体の長、その議会の議員等の選挙の権利を保障したものということはできない」としたうえで、地方自治に関する規定は、「民主主義社会における地方自治の重要性に鑑み、住民の日常生活に密接な関連を有する公共的事務は、その地方の住民の意思に基づきその区域の地方公共団体が処理するという政治形態を憲法上の制度として保障しようとする趣旨に出たものと解される」。「我が国に在留する外国人のうちでも永住者等であってその居住する区域の地方公共団体と特段に密接な関連を持つに至ったと認められるものについて、その意思を日常生活に密接な関連を有する地方

公共団体の公共的事務の処理に反映させるべく、法律をもって、地方公共団体の長、その議会の議員等に対する選挙権を付与する措置を講ずることは、憲法上禁止されているものではない」というのである。すなわち、地方の選挙において、最高裁は立法府の裁量に委ねるという「許容」論をとったのである。この判決は、選挙を国政と地方とで区分したこと、地方の選挙について憲法は「禁止」も「要請」もしていないとしたことを強調するのである。

この判決を評価する憲法学説は多いものの、学説のなかには「許容」ではなく「要請」とするものもある。たとえば、浦部法穂は「『国民主権』原理は、そもそも『君主主権』への対抗原理として、それまで君主の支配に服していた人々（君主、貴族などの封建的特権層以外の人民）の主権性を主張するものであった。……『国民主権』そのものの趣旨は、『国籍を持つ者が主権者だ』ということではなく、『国民』とは異質な『国民』の上に立つ権威による支配を排除する、というところにあった」（浦部 2016：515頁）。「『国民主権』という場合の『国民』が当然に国籍保持者に限られるとはいえないとすれば、（選挙権・被選挙権の享有を）『日本国民』に限定することが当然とはいえないはずである。……少なくとも、日本以外に生活の根拠をもたない『定住外国人』に対しては、選挙権・被選挙権を保障することが、要請されると考えるべきである」と主張するのである（浦部 2016：546頁）。

1995年最高裁判決を踏まえて現在の学説を整理すると、(a) 全面禁止説、(b) 国政禁止・地方許容説、(c) 国政禁止・地方要請説、(d) 全面許容説、(e) 国政許容・地方要請説、(f) 全面要請説に分かれており、(e) の立場が有力だとされる。 Intro 1 にある「自分のルーツとアイデンティティを大切にしながら、この地域での義務と責任を果たし、地域社会の発展に貢献したい」という呉さんの主張は、権利ということはできないだろうか。

外国人の公務就任権

公務員に就任する権利についての従来の政府見解は、「『公務員に関する当然の法理として、公権力の行使または公の意思の形成への参画に携わる公務員』について日本国籍が必要」（1953・3・25内閣法制局）というものであった。

第 6 章　外国人の人権

　東京都に保健婦（現在の保健師）として採用されていた韓国籍の女性が、課長級の管理職選考試験の受験を日本国籍でないことを理由に拒否された。そこで受験資格の確認と、受験を拒否されたことによる精神的苦痛に対する損害賠償を求めた事件において、一審東京地裁は、外国人は「公権力の行使あるいは公の意思の形成に参画」することによって「直接的または間接的に我が国の統治作用にかかわる職務」への就任を憲法上保障されていない、として却下した。他方、二審東京高裁は、「間接的に国の統治作用に関わる公務員」については、「職務の内容、権限と統治作用との関わり方及びその程度」を個別具体的に検討し、国民主権原理に照らし就任の可否を区別する必要があり、「公権力を行使することなく」、「公の意思の形成に参画する蓋然性が少なく」、「統治作用に関わる程度の弱い」管理職も存在するため、外国人の一律排除は、憲法22条1項・14条1項に反するとしたのである（東京高判1997・11・26）。
　ところが最高裁は、「公権力行使等地方公務員」の職務の遂行は、「住民の権利義務や法的地位の内容を定め、あるいはこれらに事実上大きな影響を及ぼすなど、住民の生活に直接間接に重大なかかわりを有するものであ」り、「国民主権の原理に基づき、……原則として日本の国籍を有する者が公権力行使等地方公務員に就任することが想定されている」と述べる。そして、「普通地方公共団体が、公務員制度を構築するに当たって、公権力等地方公務員の職とこれに昇任するのに必要な職務経験を積むために経るべき職とを包含する一体的な管理職の任用制度を構築して人事の適正な運用を図ることも、その判断により行うことができ」、「日本国民である職員に限って管理職に昇任することができるとする措置を採ることは、合理的な理由に基づい」ており、憲法14条1項に違反しないと判示した（最大判2005・1・26）。この最高裁判決に対しては、「外国人を任用できる制度の検討がなされず、現行の制度を優先させる判断である」との批判がなされている。

4　外国人の人権をめぐる新たな問題

ヘイトスピーチ

　2010年ごろから、日本でも人種や民族、性などをめぐるマイノリティ集団に対して、憎悪を表明したり差別を煽る表現行為（ヘイトスピーチ）、デモなどが各地で起こるようになった。たとえば、京都朝鮮学校襲撃事件では、2009年12月4日の午後、「在日特権を許さない市民の会」（以下、在特会）の会員ら11名が、京都朝鮮第一学校に押しかけ、日の丸や会の幟をはためかせ、「朝鮮学校を日本から叩きだせぇ～」「北朝鮮のスパイ養成機関」「密入国の子孫やないか」「はしっこ歩いとけ」「キムチ臭い」などと一時間にわたって大音響で街宣活動を行った。その後も2回街宣活動を行っている。彼らは、グランドのない同校が隣接する児童公園を朝礼や体育の授業で使っていることを「不法占拠」として、それへの抗議と称するが、1960年の開校以降、京都市当局と地元と学校との三者で、学校が使用することについて協議がなされてきたという。この事件の刑事裁判では、在特会の構成員に対する威力業務妨害罪や侮辱罪等での執行猶予付きの有罪判決が確定している（大阪高判2011・10・28、最決2012・2・23で被告人の上告を棄却）。また民事裁判でも、単なる不法行為ではなく人種差別撤廃条約の規定する人種差別に当たるとして、1200万円の損害賠償義務と将来にわたって学校の半径200メートル以内における街宣等の差止請求が認められた（大阪高判2014・7・8、最決2014・12・9で被告の上告棄却と上告不受理を決定）。

　国際人権B規約20条は「差別、敵意又は暴力の扇動となる国民的、人種的又は宗教的憎悪の唱道は、法律で禁止する」と規定する。また人種差別撤廃条約4条は「締約国は、一の人種の優越性若しくは一の皮膚の色若しくは種族的出身の人の集団の優越性の思想若しくは理論に基づくあらゆる宣伝および団体又は人種的憎悪及び人種差別（形態のいかんを問わない。）を正当化し若しくは助長することを企てるあらゆる団体を非難し、また、このような差別のあらゆる扇動又は行為を根絶することを目的する迅速かつ積極的な措置をとることを約束する」としたうえで、「人種的優越又は憎悪に基づく思想のあらゆる流布、人

種差別の扇動」、「人種差別を助長し及び扇動する団体及び組織的宣伝活動その他のすべての宣伝活動」を「法律で処罰すべき犯罪」とするよう加盟国に義務づけている。

　ここで、刑事罰をもってヘイトスピーチを規制することの憲法上の可否が問題となる。ヘイトスピーチは特定の集団に属する人々の尊厳を著しく害するものだから規制は許されるという立場がある。その一方で、ヘイトスピーチを定義することは難しく規制が乱用される危険性があること、本来、思想の自由市場において言論には言論で対抗すべきだとして、規制には消極的な見解も有力である。そのようななか、2016年に「本邦外出身者に対する不当な差別的言動の解消に向けた取組の推進の関する法律」（ヘイトスピーチ解消推進法）が制定された。本法は、ヘイトスピーチを「本邦の域外にある国若しくは地域の出身であるもの又はその子孫であって適法に居住するものに対する差別的意識を助長し又は誘発する目的で公然とその生命、身体、自由、名誉若しくは財産に危害を加える旨を告知し又は本邦外出身者を著しく侮蔑するなど、……本邦外出身者を地域社会から排除することを扇動する不当な差別的言論」と定義し、罰則は伴わないものの、「不当な差別的言動は許さないことを宣言」し、国や地方自治体に「不当な差別的言動の解消に向けた取組に関する施策」を講じるよう求めている。

　また、大阪市が拡散防止のための措置・氏名等の公表を認める大阪市ヘイトスピーチへの対処に関する条例を制定するなど、自治体レベルでの取り組みも見られる。

外国人労働者の問題

　群馬県大泉町は、2018年8月の時点で約4万1000人強の人口に対し外国人は7506人で、外国人が住民の18％を占めている。大泉町の村山俊明町長は、外国人への納税の徹底の難しさに加え、医療や介護など外国人向けの社会保障制度を整備するといった課題をあげたうえで、「国は外国人を労働力としかみておらず、地域の『生活者』としてのフォローは自治体に押しつけてきた」とし、外国人の受け入れ拡充の前に受け入れ態勢を十分整えるべきだと主張する

(「毎日新聞」2018年10月3日)。

　2008年のリーマンショックの後、多くの日系外国人が職を失った。外国人労働者が調整弁的な労働力と見なされている不安定な雇用であることが明らかとなった。技能実習生に対しても賃金の未払いやパスポートの取り上げといった問題が指摘され、国際的には「人身取引の一形態」と批判されている。立場の弱い外国人をただ「労働者」として受け入れることは、人権に対する視点が欠如しているといわざるを得ない（髙 2010：79頁以下）。

　2018年12月、入管法が改正され、在留資格「特定技能1号」・「特定技能2号」が創設されることになった。「不足する人材の確保を図るべき産業上の分野」につき、前者は「相当程度の知識又は経験を要する技能」、後者は「熟練した技能」をそれぞれ要する業務に従事する外国人向けの在留資格である。前者には、家族帯同を認めず在留期間も通算5年までと上限があるが、後者は在留期間更新や配偶者・子どもの呼び寄せも可能だとする。国会での法案審議段階での政府の説明では、「特定技能1号」の受け入れ見込は、検討対象14業種で初年度最大4万7550人、5年間で最大34万5150人だとしたが、これも「いわば素材」で各省庁が精査中だという。政府は、2019年4月の施行を前提に成立を急いだが、そこには技能実習生の新在留資格への移行が想定されているようである。

　日本社会は、外国人を一人の人間、「生活者」として受け入れるだけの基盤があるのか、Intro 2 の問題は、古くは関東大震災時の虐殺事件、最近ではヘイトスピーチの事案なども含めて慎重な考察が必要であろう。

【文献】
- 芦部信喜・高橋和之補訂『憲法第7版』（岩波書店、2019年）
- 浦部法穂『憲法学教室第3版』（日本評論社、2016年）
- 岡本雅亨「国籍取得と名前の変更──常用・人名用漢字による漢・朝鮮民族姓の制約」法学セミナー663号（2010年）
- 髙賛侑『ルポ在日外国人』（集英社新書、2010年）
- 在日韓国青年同盟中央本部編著『在日韓国人の歴史と現実』（洋々社、1970年）
- 佐藤幸治『日本国憲法論』（成文堂、2011年）

- 芹澤健介『コンビニ外国人』（新潮新書、2018年）
- 辻村みよ子『憲法第 6 版』（日本評論社、2018年）
- 永田秀樹・倉持孝司・長岡徹・村田尚紀・倉田原志『講義・憲法学』（法律文化社、2018年）
- 宮島喬・鈴木江理子『外国人労働者受け入れを問う』（岩波ブックレット、2014年）
- 師岡康子『ヘイトスピーチとは何か』（岩波新書、2013年）
- 水野直樹・文京洙『在日朝鮮人』（岩波新書、2015年）
- 田中宏『在日外国人第 3 版―法の壁、心の溝』（岩波新書、2013年）

第 **7** 章

アイヌ民族の文化享有権

> **Intro** 1997年3月27日、札幌地裁は、アイヌ民族を先住民族と認定し、「その民族に属する個人にとって、民族固有の文化を享有する権利は、自己の人格的生存にとって必要な権利ともいい得る重要なもの」であると、文化享有権について言及した。いわゆる二風谷ダム判決（札幌地判1997・3・27）である。
> 　周知の通り、日本国憲法は、13条で「すべて国民は、個人として尊重される。生命、自由及び幸福追求に対する国民の権利については、公共の福祉に反しない限り、立法その他の国政の上で、最大の尊重を必要とする」と規定し、個人の尊重原理に立っている。
> 　では、民族という集団の権利と「個人の尊重」原理とをどのように考えるべきだろうか。人権保障における個人と民族の関係を考えるにあたって、文化享有権とはいかなる権利だろうか。

1　先住民族の権利に関する国連宣言（以下、国連宣言）

先住民族

　世界に3億人以上いるとされる先住民族とは、ある土地（領土）に先に住み社会を形成していたにもかかわらず、新来の異民族による、征服、先占（他の国家の領土になっていない無主地を先に実効的に支配することで自国の領土に組み入れること）、移住、侵略、植民地化、集団殺害（ジェノサイド）、強制的な同化政策などで、現在その領土での支配的な社会ないし階層と自らが異なっているとみなしている人々のことだといえよう。自発的意思で他国に移住してきた少数民

族とは区別される。

国連宣言採択の経緯

　先住民族の問題が国際社会で語られだすのは、1970年代以降である。1977年、先住民族団体としてはじめて国連 NGO となった「国際インディアン条約評議会」などが「南北アメリカ大陸における先住民族差別に関する国際 NGO 会議」に参加し、そこにて「西半球の先住民族国家および人民の防衛のための原則宣言」が採択されている。エクアドルのホセ＝マルチネス＝コーボゥが「先住民に対する差別」に関する特別報告者として「第1次進捗状況報告書」をまとめたのが、1981年である。

　1982年には、先住民族問題を扱う最初の国連機関「先住民族作業部会」（以下、WGIP）が人権小委員会の下で開催され、初代議長にノルウェーのアスビョン＝アイデが就任し、WGIP にすべての先住民族団体・個人のオブザーバー参加を認めた。WGIP は、権利宣言の起草作業を任務とし、1985年に「原則宣言案」を提出する。第2代 WGIP 議長についたギリシアのエリカ＝イレーヌ＝ダイスにより、1988年に草案原案が提出される。その後もダイスは先住民族当事者の調査を行う一方、政府代表とも話し合いを続けるなかで、折しも「国際先住民年」の1993年に、作業部会草案がまとめられ、1994年に人権小委員会を通過した（以下、「人権小委員会草案」）。

　ところが、1995年から「第1次先住民族の国際10年」が始まると、国連人権委員会は政府代表主導で再審議するため「先住民族の権利宣言草案作業部会」（以下、WGDD）を設置する。政府代表が政治性の高い現行システムの変更を嫌う傾向にあるなか、作業は停滞する。国連改革により国連人権委員会の廃止と人権理事会の新設が進められる2006年、議長が「人権小委員会草案」をベースに議長権限で新たな草案をまとめ、廃止直前の国連人権委員会に提出した（以下、「人権委員会草案」）。「人権委員会草案」は、2006年の人権理事会で採択にかけられ、賛成多数で国連総会に送付されることになった。この時点でアフリカ諸国が権利宣言にある自己決定権、土地権、資源権に不満を表明し、2007年には33項目の修正案を提案する。またカナダ、ロシア、ニュージーランド、コロ

ンビアは重要条文に大きな修正を加える共同提案を行った。他方、先住民族の活動家たちが結成した「グローバル先住民族コーカス」という交渉組織がアフリカ諸国と交渉を進め、修正項目を33項目から9項目に減らした妥協案を確定する。このような折衝が、直前まで続けられるなか、2007年9月13日、国連宣言は賛成144ヵ国（日本を含む）、反対4ヵ国（アメリカ、オーストラリア、カナダ、ニュージーランド）、棄権11ヵ国の圧倒的多数で採択されたのである（上村2008：55頁以下）。

国連宣言の内容

　前文24段落・本文46条からなる国連宣言の内容として、注目すべき点を指摘しておきたい。まず前文を貫いているのは、「すべての民族が異なることへの権利、自らを異なると考える権利、および異なる者として尊重される権利を有」し、「先住民族が他のすべての民族と平等である」（前文2段落）との認識である。それゆえ前文4段落にて「国民的出自又は人種的、宗教的、民族的ならびに文化的な差異を根拠として民族または個人の優越を基盤としたり、唱道するすべての教義、政策、慣行は、人種差別主義であり、科学的に誤りであり、法的に無効であり、道義的に非難すべきであり社会的に不正である」と、明快に述べている。また、個人と集団の関係について、「先住民族である個人は、差別なしに、国際法で認められたすべての人権に対する権利を有すること、およびその民族としての存立や福祉、統合的発展にとって欠かすことのできない集団としての権利を保有している」（前文22段落）と述べる。

　本文では、1条で先住民族が「集団または個人として」人権の享有主体であることを確認する。3条では、先住民族の「自己決定の権利」を規定し、その具体化として「自律あるいは自治に対する権利」（4条）、国政への参加権（5条）を規定している。もっとも宣言採択の直前に修正された46条1項は、「主権独立国家の領土保全または政治的統一を全体的または部分的に、分断しあるいは害するいかなる行為を認め又は奨励するものと解釈されてはならない」としている。

　7条では、「先住民族である個人」の「生命、身体および精神的一体性、自

由ならびに安全に対する権利」（1項）、「民族として自由、平和および安全のうちに生活する集団的権利」を有するとし、子どもの強制的引き離しやジェノサイド等の暴力行為にさらされてはならない（2項）とし、そのうえで、強制移住の禁止（10条）、共同体や民族に属する権利（9条）を有すると定める。

　11条以下で、加工品・舞台芸術・文学といった可視的な「文化的伝統と慣習を実践しかつ再活性化する権利」（11条）、遺骨の返還権を含む「精神的および宗教的伝統、慣習、そして儀式を表現し、実践し、発展させ、教育する権利」（12条）、歴史・言語・口承伝統・表記方法といった非可視的な文化を「未来の世代に伝達する権利」（13条）を定める。そしてそれぞれ2項にて、国家に対し奪取された財産の原状回復など効果的措置をはかる責務を規定する。教育・公共情報については「独自の文化および言語による教育」が強調され（14条）、独自のメディアを自身の言語で設立する権利（16条）、労働については労働権の保障と「差別的条件に従わせられない権利」（17条）を定める。さらに、自らの政治的・経済的・社会的制度を維持・発展させる権利（20条）、住宅・衛生・健康・社会保障といった分野にて経済的・社会的条件の改善に対する権利（21条）について述べるとともに、それを実現するためにその戦略や計画に関わる権利を先住民族は有するとする（23条）。

　先住民族が伝統的に所有・占有・使用してきた土地や資源については、それらが独特な精神的つながりがあることを確認し、「未来の世代に対するその責任を保持する権利」を有するとし（25条）、国家はこれらに法的承認及び保護を与えると述べ（26条）、その承認について先住民族の参加を含む手続き（27条）、さらに収奪等がなされたものに対し原状回復や補償といった救済を受ける権利（28条）を定めている。

　その他、「先住民族の土地または領域で軍事活動は行わない」（30条）と定め、先住民族は「そのアイデンティティもしくは構成員を決定する集団としての権利を有する」（33条）とする。

国連宣言の意義

　第一は、これまで国家中心の国際法により、被害者にされてきた先住民族が

国際法の主体となったことである。それは宣言作成のプロセスに先住民自身が参加したことからも明らかである。第二は、これまで人権とは集団に対抗する個人の権利と解されてきた近代的思考にあって、国連宣言は先住民族に属する個人の権利のみならず、先住民族の集団の権利も多く保障していることである。国際法学者の小坂田裕子は、「国連宣言は、近代の国家／個人という二元的秩序の狭間に埋もれた集団の声を表舞台に引き出したという意義をもつ」(小坂田 2017：36頁)と指摘する。第三は、個人主義的な土地所有概念に対して、先住民族の土地や資源に対する集団の権利を認めたことである。

2 二風谷ダム判決における文化享有権

アイヌ

　今から1万2000年前に、縄文文化に入る。人類学的研究では、アイヌのもつ形質や遺伝的な特徴のなかには、縄文までさかのぼるものがあることが明らかになっている。寒冷な北海道には稲作が広がらず、独自の続縄文文化が6世紀まで、そして7世紀に入ると擦文文化が始まりアイヌ文化の原型が見られる。13から14世紀に、狩猟・漁撈・採集を中心とし、海を渡って交易を行うアイヌ文化の特色が形成される。江戸時代、松前藩がアイヌとの交易を独占するようになり、18世紀には利益を求める和人の商人が自ら漁場の経営を始め、アイヌを漁業に従事させ過酷な労働を強制した。

　明治時代になると、北海道の内国化のため和人が大量に移住して北海道開拓を推し進める。明治政府は、土地所有制度を導入することで、アイヌがこれまで自由に狩猟・漁撈・採集を行っていた土地を取り上げるとともに、アイヌのサケ漁やシカ猟を制限した。さらに、口ひげや熊送りの儀式、アイヌ語を禁止し日本語を奨励することで同化政策を推進した。そのためアイヌは困窮し、独自の文化も奪われるとともに、教育など様々な場で差別の対象とされたのである。

第7章　アイヌ民族の文化享有権

二風谷ダム裁判の背景

　日本が高度経済成長真只中の1969年、第二次全国総合開発計画にて、苫小牧東部大規模工業基地（苫東）の開発が決定された。そしてその工業用水の供給先として沙流川が候補となり、平取町二風谷へのダム（二風谷ダム）建設が計画された。二風谷は北海道でも最も多くアイヌが住む地であり、またアイヌ文化継承の地でもある。1971年、苫東基本計画が策定され、苫小牧東部開発株式会社による用地買収が進められる。1983年には、建設省がダム建設計画を告示し、1986年4月には起業者である国（代理人は北海道開発局長）が土地収用法16条に基づく事業認定を申請し、9月からダム本体工事が着工され、12月には建設大臣により事業認定がなされる。事業認定とは、国土交通大臣（当時の建設大臣）または都道府県知事が、計画事業が土地を収用し使用する公益上の理由があること、起業者が当該事業を遂行する意思と能力を有すること等（土地収用法20条）を認定する行政行為である。1987年、国は北海道収用委員会（以下、収用委）に対し、権利取得裁決・明渡裁決の申立てを行うが、翌年8月の時点で、二人のアイヌ、貝澤正と萱野茂を除くすべての地権者と合意を見ている。1989年2月、収用委は「起業者から申請のあった本件土地の区域は、本件起業に必要であることは明らかであり、本件土地の収用は相当と認める」との理由で、権利取得裁決・明渡裁決を出す。

　貝澤・萱野の二人は、ここから闘うことになる。二人の抵抗は、表層的にはダム建設により「民族的に特別に由緒ある土地」が収用されることへの異議申し立てであるが、深層には歴史的に堆積していたアイヌ民族の怒りがある。第一は、北海道（アイヌ語で私たちの大地を意味する「アコロモシリ」）は、もともとアイヌ民族の国土であり、そこに明治以降「日本国」の「日本人」（和人）が侵略したことへの怒りである。第二は、アイヌは和人により生活様式、そしてそれと一体をなすアイヌの文化が奪われたことへの怒りである。アイヌが自然の摂理に従ってサケやシカを捕獲して食して暮らしていたところに、明治になって入ってきた和人が、サケ漁やシカの狩猟を禁じた。そのうえ1899年には「北海道旧土人保護法」をつくり、劣悪な土地を「給与」して農耕を強制し、狩猟民族としての生活権、生きる権利そのものである食生活を奪ったので

ある。

二風谷ダム裁判

　二人は、1989年3月、当時の建設大臣に審査請求を行いそれが却下されると、1993年5月に北海道収用委員会による権利取得裁決及び明渡裁決は、憲法29条3項、土地収用法20条3号・4号に違反するとして、その取消しを求める行政訴訟を提起したのである。憲法29条3項は「私有財産は、正当な補償の下に、これを公共のために用ひることができる」とし、土地収用法20条は事業認定の要件として、「事業計画が土地の適正且つ合理的な利用に寄与するものであること」（3号）、「土地を収用し、又は使用する公益上の必要があるものであること」（4号）を定め、私有財産の制限にあたりいわゆる公共性を有することを要請している。1992年2月に貝澤正が死去し、長男である貝澤耕一が審査請求人の地位を継承している。

　裁判の原告となった二人は、その後の苫東の当初計画の破たんに加え、何よりも本件収用対象の土地が「アイヌが居住、耕作し、アイヌが民族的に特別に由緒ある土地として宗教的にも、文化的にも、歴史的にも、またその景観としても保護を訴えている」土地であるにもかかわらず、原裁決は公共性の有無の判断からアイヌ文化を捨象し、本件土地をもっぱら私的経済利益（交換価値）の対象としてのみ把握している。また収容される土地のなかには、アイヌ民族の聖地であるチノミシリなど代替不可能な地も含まれており、そもそも「正当な補償」など不可能だ、と主張したのである。

二風谷ダム判決

　1997年3月27日、札幌地裁は、土地収用法20条3項の要件適合性は、当該事業で得られる公共の利益と、その事業によって失われる公共的又は私的利益とを比較衡量することによって判断されるべきであるとする。そして「この判断をするに当たっては、行政庁に裁量権が認められるが、行政庁が判断するに当たり、本来最も重視すべき諸要素、諸価値を不当、容易に軽視し、その結果当然尽くすべき考慮を尽くさず、……このため判断が左右されたと認められる場

合には、裁量判断の方法ないし過程に誤りがあるものとして違法になる」との枠組みを示した。

　そのうえで、事業計画の達成によって得られる公共の利益は、洪水調整など「これまでなされてきた多くの同種事業におけるものと変わるところがなく簡明である」が、失われる公共的又は私的利益は、「少数民族であるアイヌ民族の文化であって、これまで議論されたことのないものであり、……慎重な考慮が求められる」にもかかわらず、建設大臣は、必要な調査、研究等の手続を怠ったとし、「土地収用法20条3号において認定庁に与えられた裁量権を逸脱した違法がある」と断じたのである。

　もっとも判決は、本件ダム本体は既に数百億円の巨費を投じて完成しており、また本件ダムを撤去するには巨額の費用を要することから、「本件収用裁決を取り消すことは公共の福祉に適合しない」として、行政事件訴訟法31条1項の事情判決の法理を適用して原告の請求を棄却した。事情判決の法理とは、処分に取消に値する違法が認められても、公益への著しい障害を回避するために、裁判所が取消を控え、主文で違法を宣言するにとどめるという法理である。

　また判決は、アイヌ民族が「先住民族」に該当するとし、国際的に「先住民族に対し、……いわゆる先住権まで認めるか否かはともかく」、先住民族の文化等を尊重すべきとの動きが強まっているとの理解を示し、比較衡量にあたって「同化政策によりアイヌ民族独自の文化を衰退させてきた歴史的経緯に対する反省の意を込めて最大限の配慮がなされなければならない」と述べるのである。

文化享有権

　二風谷判決が比較衡量のさいに重視したのは、アイヌ民族固有の文化を享有する権利（文化享有権）とアイヌ民族の先住性、そしてその歴史的背景である。とりわけ、文化享有権を国際人権規約B規約27条と憲法13条から根拠づけたことは、注目に値する。判決は憲法13条につき、「国家と個人との関係において個人に究極の価値を求め、国家が国政の態度において、構成員としての国民各人の人格的価値を承認するという個人主義、民主主義の原理を表明したもの」

とする。そしてこの個人主義・民主主義について、「多様性ないし相異を前提として、相異する個人を形式的な意味ではなく実質的に尊重し、社会の一場面において弱い立場にある者に対して、その場面において強い立場にある者がおごることなく謙虚にその弱者をいたわり、多様な社会を構成し維持して全体として発展し、幸福等を追求しようとしたもの」とし、「えてして多数民族は、多数であるが故に少数民族の利益を無視ないし忘れがちであり、殊にこの利益が少数民族独自の文化にかかわるときはその傾向が強くなりがちである」と述べる。また「少数民族にとって民族固有の文化は、多数民族に同化せず、その民族性を維持する本質的なものであるから、その民族に属する個人にとって、民族固有の文化を享有する権利は、自己の人格的生存に必要な権利ともいい得る重要なもの」だというのである。

　たしかに本判決は、文化享有権の享有主体を少数民族に属する「個人」としているが、文化についての理解などは、国連宣言と通底するように思われる。ここで、権利の享有主体として、アイヌ民族といった集団がなり得るのかが問題となる。もちろん、人権の享有主体はあくまでも個人であり、文化享有権についても「すべての個人がもつ自らの文化を共有する権利」と解する議論がある。民族などの集団内において、たとえば女性を差別するような風習があるなど、民族の文化によって個人の権利が害されることもあり得る。集団から個人の権利を擁護することも重要であり、集団の権利を認めると個人の権利が軽視されかねないとの意図である。対して、先述の国連宣言が先住民族の集団の権利も多く保障しているように、集団としての権利を積極的に認めていくべきとの議論もある。とりわけ、土地や資源を共同で使用してきた先住民族にとって、民族としての集団の権利こそが本質といえるかもしれない。そのなかにあって、文化享有権を手がかりに、民族という集団の権利を導くことは可能ではなかろうか。

3　個人の自律を支え、個人の人権を擁護する集団の権利

個人の自律に不可欠な文化

　個人の尊重原理が自己の人格的生存や個人の自律を重視するとしても、個人は「はじめから」自律しているわけではない。佐藤幸治が主張するように、「個人は真空の中で自律性を確立・維持するわけではなく、自律性を確立・維持するための条件にも一定の配慮が必要」（佐藤 2002：185頁）であり、「自律性獲得・維持の過程をも射程に入れて『人権』を捉えるべき」（佐藤 2002：160頁）であろう。すると個人の自律を促す他者や共同体、文化への繋がりに目を向けざるを得ない。「『文化の自由市場』はマイノリティの文化・言語を消滅させる方向に構造的に歪曲されている」（井上 2003：185頁）ことを認識する少数民族・先住民族が、「その民族性を維持する本質的なものである」文化を享有することは、自身を含む、その民族に属する個人や子孫の人格的自律を確立・維持するための民族的権利といえるであろう。

　国連宣言は、文化を加工品・舞台芸術・文学といった可視的なものだけでなく、精神的・宗教的伝統、慣習、歴史・言語・口承伝統・表記方法といった非可視的なものも含むとし、さらに土地や資源もが独特な精神的つながりがあるとする。2009年の「アイヌ政策のあり方に関する有識者懇談会」の報告書が、「広義の文化」としては、「土地利用の形態等をも含む民族固有の生活様式の総体と考えるべき」と述べたように、文化とは、広くその土地に根ざした民族固有の生活様式と捉えるべきであろう。そしてこのような文化理解からすると、それは維持・発展のみならず変貌・衰退を含め、世代を超えて形成されていくものであり、文化を享有するとはその文化を担い育むことである。だとすると、文化享有権とは土地や資源への権利を含め、個人のみならず集団の権利ともいえよう。集団の権利としての文化享有権は、個人の尊重原理の延長として、日本国憲法13条と両立しうるのではなかろうか。

　もっとも、文化をどのように理解するかは重要である。「北海道旧土人保護法」に代わって1997年に制定された「アイヌ文化の振興並びにアイヌ文化の伝

統等に関する知識の普及及び啓発に関する法律」(アイヌ文化振興法)は、「この法律において『アイヌ文化』とは、アイヌ語並びにアイヌにおいて継承されてきた音楽、舞踊、工芸その他の文化的所産及びこれらから発展してきた文化的所産をいう」と、極めて限定的に解し「民族固有の生活様式」という文化の本質への理解が欠如している点は問題にされなければならない。

権利を求めて闘う主体としての民族

　樋口陽一は、「集団のアイデンティティの維持を優先させるのか、個人が自分自身で価値を選択することを究極のところで認めるのか」(樋口 2004：77頁)という問題図式を設定したうえで、個人による価値選択という人権の普遍性にこだわる。個人の価値選択こそ最重要だとしても、差別、抑圧、同化政策等の被害を受けてきた側にとって、個人の価値選択以前の段階で闘わなければならない場面があることが重大である。先住民族に属する個人は、先住民族というその属している集団ゆえに差別・抑圧がなされたという歴史を背負い、現在も苦境にある限り、その状況を克服するために民族という集団で闘うことは、至極当然のことであろう。人権理論における人権獲得の努力と闘争を重視する見地からすると(上田 1996：137頁)、その闘争の歴史的段階において集団として闘うことは何ら不思議なことではない。

　このような観点からすると、抑圧されてきた先住民族が自らの権利にかかわる事柄に対し、先住民族固有の意思決定制度や、国家と協議する先住民族の代表機関をもつことも理に適っているといえる。これは、先住民族など少数派の立場を公共空間にてあえて表出させるという戦略である。

リベラリズムの戦略

　樋口の戦略をよりラディカルに進めるのが蟻川恒正である。蟻川は、法や社会制度は文化的多数派の価値観や規範意識に基づいているため文化的少数派が「差異の負荷」を一方的・片面的に負わされているという上野千鶴子の事実認識を重視する。それゆえ蟻川は、文化的多数派にも同様の「負荷」を負わせようとし、「『自らの文化的アイデンティティを公共空間のなかで主張し貫徹す

る』ことを自ら抑制することができる個人こそ、『自律的個人』の或る突き詰めた像」だというのである（蟻川 2012：73頁）。個人が公共空間において、民族や文化から距離をおくことを説くのである。

憲法によって「各自それぞれの究極の価値を探求し遂行することのできる私的な領域と、社会全体の利益について理性的に協議し決定する公的な空間を分離する」（長谷部2000：48頁以下）と解するのは、長谷部恭男に代表される近年のリベラリズム憲法学である。価値や道徳の多様性を前提に、各人が私的領域で究極的価値に従って生きることを認めつつ、公共空間での血みどろの争いを回避するという戦略である。だが、この戦略は実現可能なのだろうか。また、公私を明確に区分するという「人間」についての理解は、形式的すぎはしないだろうか。人間は、私的空間と公的空間の絶えない往復や公私の混然となった領域においても、自らのアイデンティティや社会との向き合い方を見出すのではなかろうか。自らの主張を述べながらも、血みどろの争いを回避する公共空間のあり方を、二風谷ダム判決は示しているように思われる。

「アイヌ民族に関する法律（案）」

1984年5月27日、北海道ウタリ協会総会にて「アイヌ民族に関する法律（案）」（以下、法律案）が可決された。この法律案は、「アイヌ民族は多年にわたる有形無形の人種的差別によって教育、社会、経済などの諸分野における基本的人権を著しくそこなわれてきた」（第1）との認識に立ち、「日本国憲法のもとに民族の誇りが尊重され、民族の権利が保障されることを目的とする」（前文）ものである。

法律案は、民族の自立化こそを最大の課題とし、そのための基盤整備を求め、「アイヌ民族にたいする国としての責任があいまいにされている」（本法を制定する理由）と指摘する。そして法律案は、「いま求められているのは、アイヌの民族的権利の回復を前提にした人種的差別の一掃、民族教育と文化の振興、経済自立対策など、抜本的かつ総合的な制度を確立することである」（本法を制定する理由）と述べるように、アイヌの民族としての権利を強調する。さらに、「これまでの屈辱的地位を回復するためには、国会ならびに地方議会にアイヌ

民族代表としての議席を確保し、アイヌ民族の諸要求を正しく国政ならびに地方政治に反映させることが不可欠であり、政府はそのための具体的な方法をすみやかに措置する」（第3）と述べるのである。

　これら法律案の内容は、先に見た国連宣言を先取りしたともいえる。

　他方、国会は、先述の通り1997年にアイヌ文化振興法を制定したが、この法律の文化の理解に対しては、限定的すぎると批判が出されてきた。2007年に国連宣言が採択されたのを受けて、2008年に「アイヌ民族を先住民族とすることを求める決議」が国会にて採択された。そして2019年、「アイヌの人々の誇りが尊重される社会を実現するための施策の推進に関する法律」（以下、アイヌ新法）が成立した。アイヌ新法は、1条にて「北海道の先住民族であるアイヌ」と規定するものの、これまでのアイヌへの差別や同化政策に対する認識は示されていない。また、推進する「アイヌ施策」もアイヌ文化の振興等とそれに資する環境整備に限定されているうえ、そこでの文化もやはり狭く限定されている。さらに国連宣言が強調する先住民族の自己決定権は保障されていない。アイヌ民族の権利保障をめぐっては、改めて1984年の法律案が、その出発点として位置づけられるべきではなかろうか。

【文献】
- 蟻川恒正「憲法学に『個人』像は必要か」憲法問題23号（2012年）
- 井上達夫『普遍の再生』（岩波書店、2003年）
- 上田勝美『新版憲法講義』（法律文化社、1996年）
- 上村英明「『先住民族の権利に関する国連宣言』獲得への長い道のり」PRIME 27号（2008年）
- 奥野恒久「個人とふるさと、あるいは文化」法と民主主義2013年5月号
- 奥野恒久「アイヌの民族代表制の可能性―憲法学におけるリベラリズムと民主主義、対立の一側面」季論27号（2015年）
- 奥野恒久「アイヌ民族の人権」『人権と部落問題』2018年2月号
- 小坂田裕子『先住民族と国際法』（信山社、2017年）
- 貝澤耕一・丸山博・松名隆・奥野恒久編著『アイヌ民族の復権―先住民族と築く新たな社会』（法律文化社、2011年）
- 萱野茂・田中宏編『アイヌ民族ドン叛乱―二風谷ダム裁判の記録』（三省堂、1999

年）
- 佐藤幸治『日本国憲法と「法の支配」』（有斐閣、2002年）
- 田端宏・桑原真人監修『アイヌ民族の歴史と文化』（山川出版社、2000年）
- 長谷部恭男『民主主義は生きる意味を教えない』紙谷雅子編著『日本国憲法を読み直す』（日本経済新聞社、2000年）
- 樋口陽一『国法学—人権原論』（有斐閣、2004年）
- 渡部茂己『国際人権法』（国際書院、2009年）

第 8 章

人間らしい生活を営む権利

Intro 1 2012年、お笑い芸人のKの母親が生活保護を受給していたことが問題となった。Kの母親は15年前に病気で仕事を辞め生活保護を申請した。そのときに、福祉事務所からKに「母親の援助はできますか？」と問い合わせがあったが、当時Kは、年収が100万円を切っていたので「援助できない」と返事をした。その後、Kは売れてテレビに出るようになり、福祉事務所から「援助の増額は可能か？」と問われ、援助額を増額する書類を出したが、全面的に「扶養」するまではいたらず、母親は生活保護を辞退していなかった。この事件以来、「生活困窮者の面倒は家族がみるべきだ」との主張が強く出され、2014年、生活保護の開始を決定するにあたって、福祉事務所は親族（扶養義務者）に対して通知するという法改正がなされている。「生活困窮者の面倒は家族がみるべき」との主張について、どう考えたらいいだろうか。

Intro 2 日本国憲法25条1項は、「すべて国民は、健康で文化的な最低限度の生活を営む権利を有する」と国民の生存権を保障している。だとすると、住む家を失うなどして人間らしい生活を営むことのできない人は、裁判所を通じて人間らしい生活の保障を要求できるように思われる。日本の裁判所はこの点につきどのような姿勢をとってきただろうか。

1　生存権と福祉政策

社会権としての生存権

　資本主義の発達は、その弊害として貧富の差を生みだした。そこで、20世紀に入り、経済的・社会的弱者にも人間らしい生活を保障するよう国家に要求す

る権利として社会権が登場する。社会権は、国家の介入の排除を目的とする自由権とは発想も性格も大きく異なる。日本国憲法は社会権として、生存権（25条）、教育を受ける権利（26条）、勤労の権利（27条）、労働基本権（28条）を保障している。

　日本国憲法は25条1項にて、 Intro 2 にあるように、国民の生存権を保障したうえで、2項で「国は、すべての生活部面について、社会福祉、社会保障及び公衆衛生の向上及び増進に努めなければならない」と国家の責務を規定することで、国家に対し、福祉政策を要求している。日本の社会保障制度は、生活保護（公的扶助）、社会保険、社会福祉、公衆衛生の4つからなっている。

生活保護

　憲法25条を受けて生活保護法は、1条で「この法律は、日本国憲法25条に規定する理念に基き、国が生活に困窮するすべての国民に対し、その困窮の程度に応じ、必要な保護を行い、その最低限度の生活を保障するとともに、その自立を助長することを目的とする」と規定し、公的扶助という制度を確立している。公的扶助には、生活、教育、住宅、医療、出産、生業、葬祭、介護の8種類があり、費用は全額を国と地方自治体の税金で負担する。

　生活保護法2条は、「すべて国民は、この法律の定める要件を満たす限り、この法律による保護を、無差別平等に受けることができる」と定め、最低限度の生活を維持できない人について、法定の要件を満たす限り、困窮に陥った原因（疾病、災害、障がい、破産など）が何であれ、差別されることなく平等に保護を受ける権利をもつとする（無差別平等の原理）。

　生活保護法4条は補足性の原理を定める。4条1項は、「保護は、生活に困窮する者が、その利用し得る資産、能力その他あらゆるものを、その最低限度の生活の維持のために活用することを要件として行われる」と規定する。すなわち、宅地、田畑、家屋、家具什器、貴金属、債権といった資産の活用と、労働能力の活用を要件としているのである。能力の活用要件について、有力な憲法学説は、憲法27条の「勤労の義務」を根拠に「法律で国民に勤労を強制できる」わけではないが、「はたらかざる者は食うべからず」の意だとし、「勤労の

義務」を果たさない者に「国は、生存権を保障する責任はない」(宮沢 1993：278頁) と主張する (「勤労の義務による生存権制約説」)。一見もっともなように思える説であるが、この学説に対しては、「職を失い、生きる希望や意欲を失った人を保護から排除することになる」との批判もある (笹沼 2014：140頁)。この対立の背景には、様々な事情で働くことのできない人に対し、社会はどう接するべきかという問題がある。「自己責任」だとして当人を排除するのか、当人を保護・包摂することでその社会との関係の維持を促すべきか、という問題である。

　生活保護法4条2項は、「民法に定める扶養義務者の扶養及び他の法律に定める扶助は、すべてこの法律による保護に優先して行われるものとする」と定める。ここでいう扶養義務者とは、民法877条1項により原則として「直系血族及び兄弟姉妹」である。「優先して行われる」とは、現実に扶養義務者による扶養が行われれば、その範囲で保護を減額するということであり、扶養義務のある親族がいても現実に扶養が行われなければ、要保護者は国に保護を請求できる。また児童福祉法、身体障害者福祉法など、生活保護法以外の法律で要保護者にも受給資格のある扶助が定められていれば、生活保護法による保護に優先する。さらに4条3項は、「前2項の規定は、急迫した事由がある場合に、必要な保護を行うことを妨げるものではない」と定め、生命にかかわるなど緊迫した事態にある場合は、資産等の有無に関係なく、必要な保護を行わなければならない、としている。

社会保険

　社会保障制度の中心になっているのが、社会保険である。これは、疾病、事故、失業、労働災害、老齢などで収入を失った国民に所得を保障するものである。医療保険、雇用保険、労災保険、年金保険、介護保険の5分野があり、あらかじめこれらに加入し保険料を納入すると、必要なときに給付を受けることができる。疾病や負傷に備えるのが医療保険で、職域による健康保険・共済組合と地域による国民健康保険とに分かれている。なお、2008年から75歳以上の高齢者は後期高齢者医療保険に組み入れられることになった。

高齢になったときや障がいをもったときに備えるのが、年金保険で、老齢、障害、遺族の3種類がある。老齢年金は、全国民共通の国民年金（基礎年金）と職域による厚生年金・共済年金とがある。年金の財源調達には、被保険者が在職中に積み立てていた保険料と国庫負担とでまかなう積み立て方式と、勤労世代の負担でそのときの高齢者の年金をまかなう賦課方式とがある。日本は賦課方式を基本に積み立て方式を加味している（修正賦課方式）ため、負担の世代間格差や負担と給付のアンバランスが問題となっている。

失業した場合に備えるとともに、雇用の促進をはかるのが雇用保険で、労働者の業務上の傷病や死亡に備えるのが労災保険である。医療・年金・雇用保険の費用は、被保険者と事業主が保険料を拠出し、国と地方自治体が一部を負担する。労災保険は、全額を事業主が負担する。介護保険は、認知症などで要介護認定を受けた人へのサービスを行うためのもので、その費用の半分を被保険者の保険料、半分を国と地方自治体がまかなう。

社会福祉と公衆衛生

障がい者や老人、児童など社会生活を送るのが難しい人々に対して、高齢者施設や保育所などを通じて、必要なサービスを行うのが社会福祉である。疾病の予防や健康の増進を行うのが公衆衛生で、保健所と公立病院がその中心となる。公衆衛生には、上・下水道の整備や廃棄物処理といった環境衛生も含まれる。

2　生存権裁判と生存権の法的性格

プログラム規定説

Intro 2 のような問題は、日本国憲法の下、生存権の法的性格という形で論じられてきた。憲法制定当初、25条の生存権規定は、政策的な努力目標あるいは政治的道徳的義務を定めたもので、個々の国民に具体的請求権を保障したものではないとする、プログラム規定説が支配的であった。最高裁も、食糧管理法違反事件（最大判1948・9・29）において、「(25条) により直接に個々の国民は、

国家に対して具体的、現実的にかかる権利を有するものではない」として、プログラム規定説に立つものとされた。

しかしこの立場に対してはその後、憲法25条1項が「権利」として保障しているにもかかわらず法的意味をもたないとすることに強い批判がなされる。そこで、法的権利説が主張されることになる。

朝日訴訟

1956年当時、朝日茂は肺結核のため、10余年来国立岡山療養所で療養していたが、単身で無収入のため、医療扶助と生活扶助を受けていた。同年7月、福祉事務所長は朝日と35年間離れて住んでいた兄に毎月1500円の仕送りを命じて、生活扶助を打ち切り、さらに朝日の日用品費600円（肌着が1枚400円、カレーライス1皿100円の時代）を残して残額900円を医療費の自己負担額にあてるとの変更決定を行った。そこで朝日は、岡山県知事そして厚生大臣（当時）に不服申立を行ったが却下されたため、厚生大臣の裁決の取消を求めて裁判を起こした。

東京地裁（1960・10・19）は、生活保護法2条を「保護請求権を賦与することを規定した」ものとしたうえで、「健康で文化的な生活水準」は、「単に辛うじて生物としての生存を維持できるという程度のもの」ではなく、「人間に値する生存」「人間としての生活」を可能にするものでなければならない。またその水準は「理論的に特定の国における特定の時点においては一応客観的に決定すべきものであり、またしうるもの」で、「最低限度の水準は決して予算の有無によって決定されるものではなく、むしろこれを指導支配するべきもの」として、請求を認容した。ところが控訴審（東京高判1983・11・4）は、厚生大臣の認定した保護基準を裁判所が確信をもって違法とは断定できない、として第一審判決を取り消し、朝日の主張を斥けた。

そこで原告は上告したが、上告中に朝日が死亡したため、相続人が後を継ぐことになる。最高裁（最大判1967・5・24）では、「本判決は……上告人の死亡により終了し、……相続人においてこれを承継し得る余地はない」としつつ、「なお、念のために」として、憲法25条1項の規定は「国の責務」の宣言にとどまり「直接個々の国民に対して具体的権利を賦与したものではない」。「健康

で文化的な最低限度の生活なるものは、抽象的な相対的概念であり、その具体的内容は、文化の発達、国民経済の進展に伴って向上するのはもとより、多数の不確定的要素を綜合考量してはじめて決定できるもの」であり、「何が健康で文化的な最低限度の生活であるかの認定判断は、いちおう、厚生大臣の合目的的な裁量に委されており、その判断は、当不当の問題として政府の政治責任が問われることはあっても、直ちに違法の問題を生ずることはない。ただ、現実の生活条件を無視して著しく低い基準を設定する等憲法および生活保護法の趣旨・目的に反し、法律によって与えられた裁量権の限界をこえた場合または裁量権を濫用した場合には、違法な行為として司法審査の対象となることをまぬかれない」とした。朝日の訴えは斥けられたのである。

　もっとも、「人間裁判」といわれたこの朝日訴訟を契機に、憲法25条に対する国民の関心が高まり、「人間らしい生活」を求める運動が展開され、生活保護行政の改善がなされた。たとえば、朝日訴訟で問題となった日用品費は、600円から2700円に、また朝日のような場合では障害者加算などを加えると5100円に増額された。一人の肺結核重症患者が巨大な国家権力を相手に立ち上がったことが、憲法25条を内実あるものにしたといえよう。

堀木訴訟

　3歳のときに失明した堀木フミ子は、13歳で神戸に出てきて、按摩に弟子入りし職人となる。その後、結婚・離婚をして、国民年金法に基づく障害福祉年金を受給しながら次男を養育していた。堀木は、生別母子世帯に児童扶養手当を支給する制度があることを知り、1970年2月に兵庫県知事に児童扶養手当受給資格の認定を請求したところ、知事は、同年3月に請求を却下する処分をした。そこで堀木は、知事に対して異議申し立てをしたところ、知事は児童扶養手当法4条3項3号（改正前）は、児童の母等が公的年金給付を受給し得るときには児童扶養手当を支給しないとしており（本件条項（併給禁止規定）)、堀木が障害福祉年金を受給していることから棄却する決定をした。1970年7月、堀木は「今まで歩んできた道は子どもを育てるのに死にものぐるいで、1銭もない財布を抱きしめて泣き明かした夜も数知れずありました。人間らしい生活が

したい、それが私の最低の願いです。……これからの若い障害者に代わって、私が来たいばらの道を歩ませたくないと、せっぱつまった気持ちで裁判に踏み切りました」と決意を語り、本件条項は憲法に違反するとして、知事に対し、手当受給資格請求却下処分の取消し、手当受給資格認定の義務付けを求めて神戸地裁に提訴した。

神戸地裁（1972・9・20）では、原告は、「健全な母に比べれば、……自己の障害それ自体と、児童の監護という二重の負担を負っている……本件条項による差別的取扱については、その合理性を是認する理由を発見することができない」と述べて、本件条項は、公的年金給付のうちに障害福祉年金給付を含む限度において憲法14条1項に反するとして資格請求却下処分を取り消した。なお、一審判決後の1973年9月26日、「児童扶養手当法及び特別児童手当法の一部を改正する法律」が成立し、児童扶養手当は障害者福祉年金、老齢福祉年金との併給も実現された。

控訴審（大阪高判1975・11・10）では、「(25条) 第2項は国の事前の積極的防貧施策をなすべき努力義務のあることを、第1項は第2項の防貧施策の実施にも拘らず、なお落ちこぼれた者に対し、国は事後的、補足的且つ個別的な救貧施策をなすべき責務のあることを各宣言したもの」と解し、いかなる防貧施策をどの程度実施するかの決定は立法府の裁量に属するとした。いわゆる1項2項分離論である。

最高裁（最大判1982・4・28）は、本件併給禁止規定につき、「立法府の広い裁量にゆだねられており、それが著しく合理性を欠き明らかに裁量の逸脱・濫用と見ざるをえないような場合を除き、裁判所が審査判断するのに適しない事柄であるといわなければならない」として上告を棄却した。また「健康で文化的な最低限度の生活」について、「きわめて抽象的・相対的な概念であって、その具体的内容は、その時々における文化の発達の程度、経済的・社会的条件、一般的な国民生活の状況等との相関関係において判断決定されるべきものであるとともに、右規定を現実の立法として具体化するに当たっては、国の財政事情を無視することができず、また、多方面にわたる複雑多様な、しかも高度の専門技術的な考察とそれに基づいた政策的判断を必要とする」と述べている。

第8章 人間らしい生活を営む権利

抽象的権利説

　朝日訴訟最高裁判決は厚生大臣の広範な裁量を、また堀木訴訟最高裁判決は広い立法裁量を認めたうえで、両者ともその裁量権の逸脱や濫用があったときに司法審査の対象となる、という緩やかな審査基準を適用している。しかし、司法審査の可能性を排除していないことから、25条に法的効力を認めており、法的権利説に立つ。

　生存権が法的権利だとしても、その内容は抽象的で不明確であるため、「憲法25条を直接の根拠にして生活扶助を請求する権利を導き出すことは難しい。生存権は、それを具体化する法律によってはじめて具体的な権利となる……25条の生存権が生活保護法のような施行立法に具体化されている場合には、憲法と生活保護法とを一体として捉え、生存権の具体的権利性を論ずることも許される」（芦部 2019：279頁）とする抽象的権利説が通説化することになる。

　朝日訴訟最高裁判決も、「具体的権利としては、憲法の規定の趣旨を実現するために制定された生活保護法によって、はじめて与えられているというべきである」と述べ、厚生大臣の定めた保護基準が生活保護法8条2項所定の事項を遵守したものであることを要するとした。そして厚生大臣の設定する保護基準が司法審査の対象になる可能性を排除しない点で、抽象的権利説に立つものといえよう。

具体的権利説

　具体化する法律がなければ生存権は具体的な権利たり得ないという抽象的権利説の問題に対しては、かつてより、憲法25条の規範内容は、「行政権がこの規範を直接に執行できるほどに十分なものではないにしても、立法権と司法権がこの規範の命令内容を実現するための要件つまり立法義務の要件としては十分であるといえよう。したがって憲法25条は立法権に対しその作為命令の内容を実現するための立法を行うことを憲法上義務づけられている」として、「立法権の不作為が憲法25条に違反し違憲性を有することの確認は論理的には可能である」との主張があった（大須賀 1984：101頁）。この立場は具体的権利説と称されるが、従来のこの説は、25条を根拠に裁判所の具体的な給付判決を求め

ることまでは主張せず、国が25条を具体化する立法をしない場合に立法不作為の違憲確認判決を求めることができるとした。

　それに対し近年、「ことばどおりの意味における具体的権利説」が主張されている。棟居快行は、25条1項について「不確定なのは『健康で文化的な最低限度の生活』が正確にどの水準かであって、時代や社会通念から、ごく大まかなラインを引くことは不可能ではない」と述べ、ホームレスや電気も水道もない生活をあげながら「確実に『健康で文化的な最低限度』以下だといえる生活水準は存在する」とし、「原告が『健康で文化的な最低限度』以下であることが明らかである範囲内の給付に限定して請求してきた場合には、その限りでは生存権の裁判規範性が肯定される」と主張する（棟居 1995：159頁）。もっとも、「ことばどおりの意味における具体的権利説」に対しては、「『健康で文化的な最低限度』以下と明らかにいえる部分」だけに焦点を合わせており、「その意図に反して、生存権の守備範囲を極小化するだけの理論に終わりかねない。具体的権利へのこだわりは、必ずしも生存権の法規範性を強化することにつながらない」（松本 2013：261頁）との批判もある。

3　縮減される福祉政策のなかでの憲法25条

老齢加算・母子加算の削減・廃止

　20世紀末期以降、日本でも民営化と「自己責任」を強調し、政府の役割を小さくしようとする、新自由主義改革が進められている。この動きのなかで、2004年に生活保護の老齢加算、2005年から母子加算が3年間かけて削減・廃止された。老齢加算の削減・廃止に対しては、各地で違憲訴訟が提訴されたが、いずれも、上告棄却、上告不受理の判決・決定が出されている。他方、母子加算については、民主党政権の誕生後の2009年に復活している。

生活保護基準の引下げ

　 Intro 1 にあるように、2012年には「不正受給が蔓延している」といった「生活保護バッシング」が広がった。ちなみに、不正受給は2010年当時で、件

数にして1.80％、金額ベースで0.38％とされているので、決して蔓延しているわけではない。しかし、テレビやインターネットで流される生活保護受給者批判を受けて、受給者のなかには「怠け者と言われるのがつらい。苦しい。死ね、死ねと言われるくらいなら餓死して憐れまれる方がまし」だと自宅に引きこもるようになり、生活保護の受給を辞めたいと申し出た女性もいたという（今野2013：18頁以下）。

　自民党は、2012年12月の衆議院選挙にて、「保護の給付水準を10％引き下げる」ことを選挙公約に掲げ、圧勝した。そして自公政権になると、厚生労働大臣は、2013年8月から3年間で、平均6.5％、最大で10％の生活保護基準の引下げを行った。さらに2017年12月に、厚生労働大臣は2018年10月から3年間で、平均1.8％、最大5％の生活保護基準の引下げを決定し、それが実施されたのである。これにより、たとえば75歳の高齢者単身世帯では、2004年には月9万3850円支給されていたのが、引下げの最終年にあたる2020年には7万900円になるとされる。この引下げの理由として、生活保護利用者世帯の方が国民の下位10％の所得層の消費よりも多いことが指摘された。だが、日本の公的扶助制度の補捉率（最低生活費以下の収入で、生活保護を利用している人の割合）は、15.3％から18％とされており、ドイツの64.6％やフランスの91.6％、スウェーデンの82％に比べ、国際的に極めて低いという問題が考慮されていない。生活保護基準は、労働者の最低賃金の額や、基礎年金の額を決めるさいに考慮されるのみならず、就学援助、住民税非課税の基準、医療費の自己負担限度額などにも連動するとされる（尾藤 2018：39頁）。

　権力を担当する側がメディアと一体となって「敵」を設定したとき、国民が自らの客観的利害を度外視してその「敵たたき」に感情的に加担するという現象がしばしば見られる。生活保護を受給していない低所得者が、自身の生活が苦しいだけに「生活保護バッシング」に加わっていたことも想像に難くない。しかしそれは、結果として自身の首を絞めることである。 Intro 1 にある「生活困窮者の面倒は家族がみるべき」という主張も、「敵たたき」に用いられる道徳論としては受け入れられやすい。しかし、この間の福祉政策の縮減状況を見るならば、国家の福祉政策の代替として家族の支援が強調されていることが

見て取れる。そもそも、家族とはいえ、それぞれに自らの生活があるのであり、また親子関係や兄弟関係など家族の実態は非常に多様である。道徳論で強要などとてもできないケースが多いはずである。

裁判所の司法審査の課題

　先に見たように最高裁は、立法裁量・行政裁量を原則として認める立場である。福祉政策が縮減されるなかで、裁判所が「いかにしてその裁量の幅を狭めてより踏み込んだ司法審査の可能性を広げていくか」は重要な課題であろう（長谷部 2014：280頁）。

　その一つとして注目されているのが、堀木訴訟控訴審判決の1項2項分離論である。本判決は、救貧施策を生活保護法による公的扶助に限定し、他の施策をすべて防貧施策として立法裁量に委ねる、と機械的に切り分けた点で学説から批判がなされた。しかし、1項2項分離論を、「広い立法裁量が妥当すべき施策とより厳格な司法審査が妥当する施策とを区別する巧みな論理」と理解し、「絶対的な生活水準」を確保するための救貧施策については、立法府の決定に反してでも裁判所に保護させようとするものとの観点から、見直す議論も主張されている（長谷部 2014：281頁）。

　もう一つは、いわゆる制度後退禁止原則である。生活保護の老齢加算の廃止に代表されるように、福祉の後退・「切り下げ」が進行するなか、そのような制度後退は憲法上許されない、あるいは制度後退は厳格な司法審査をパスしなければならない、というのがこの原則である。学説・判例で定着しているわけではないが、いくつかの論拠から有力に主張されている。「法令・基準がある基準額を最低限度の生活として設定した以上は、その減額は最低限度の生活水準を下回ることになる蓋然性が高いので、裁判所は事実に即して実質的に審査すべきである」（宍戸 2011：169頁）といった主張がある。また、憲法25条2項を論拠とする主張もある。憲法25条2項はプログラム規範であるが、同時に「〈『向上および増進に努める』ことに明白に反すること、すなわち合理的理由なく後退をもたらすことを許してはならない〉という内容の憲法上の法規範を導き出すことができよう」と主張するのである（内野 1991：377頁）。

老齢加算訴訟の下級審のなかには、基準生活費の加算ではなく減額という制度後退の場合には、「被保護者の生活実態の調査」を求めるという形で裁量権を狭めるもの（東京地判2008・6・26）や、判断過程審査で厳格な立場をとるもの（福岡高判2010・6・14）が見られる。ここから、制度後退禁止原則には従来の裁量論に一定の限定をかける可能性が見出される。

「権利」としての生存権

　通説とされる抽象的権利説は、「最低限度の生活を営む権利」を具体化する法律が制定されてはじめて憲法上の具体的な権利となる、というものである。最高法規である憲法で保障されている権利が法律によって具体化されるというのはいわば当然であるが、法律が制定されてはじめて行使し得る憲法上の権利となるというのは、「逆立ち」した議論といえる。そもそも人権の本質は、多数派に対抗してでも少数派の権利を保障することにある。法律という政治的多数派に定立されるものを待って権利として行使できるようになるとの議論は、生存権論を人権論たり得ないものにする可能性がある。この点を強調する西原博史は、「経済成長の再来」によって「国民の生存権」の実現をはかる方向性を批判し、「生存権は、本当に個人の権利であろうとするならば、国民全体が平均値として豊かになれば実現されるという構造のものではあり得ない。そのため、滴り効果を期待した政策に限界が見えた今こそ、生存権の権利論としての実質が光り輝かなければならない時代となるはずである」と主張する（西原2009：67頁）。

　先に見た「ことばどおりの意味における具体的権利説」のような、裁判規範性を有する「最低限度の生活を営む権利」を主張することが必要であろう。そのさい、生存権の裁判規範性をホームレスなど「健康で文化的な最低限度以下であることが明らか」である場合に限定するのではなく、今一度、朝日訴訟第一審判決が想起されるべきである。すなわち、「『最低限度の生活』とは、……国民が単に辛うじて生物としての生存を維持できるという程度のものであるはずはなく、必ずや国民に『人間に値する生存』あるいは『人間としての生活』といい得るものを可能ならしめるような程度のものでなければなら」ず、「そ

れが人間としての生活の最低限度という一線を有する以上理論的には特定の国における特定の時点においては一応客観的に決定すべきものであり、またしうるものである」というのである。この観点から、現在では貧困研究など他分野での研究知見を採取することで、「最低限度の生活を営む権利」の具体化・明確化を試みるべきではなかろうか。

憲法25条の可能性

　「人間としての生活の最低限度」の水準が、客観的に確定し得るものとすれば、最低限度の生活は困窮者の「現実の生活条件」によってのみ判断されなければならない。すなわち、「一般的な国民生活の状況等との相関関係」や「財政事情」を考慮する、堀木訴訟に代表される最高裁の立場は、立法裁量・行政裁量を不当に広く認めることになるとともに、国民一般の生活水準が下がれば「人間としての生活の最低限度」の水準も下げるという論理を導くため、問題である。

　憲法25条は、1項が「最低限度の生活を営む権利」の完全なる保障を、司法的救済を含めて確保したうえで、2項が「最低限度の生活」水準を上回る福祉政策を国家に対して要請する、と読むべきであろう。それゆえ、憲法25条2項の要請する国家の福祉政策に対しては、国民世論を背景とした立法府の議論、いわゆる民主的政治過程を尊重するとの観点から、その司法審査は基本的に緩やかな審査が妥当しよう。しかし、「〈『向上および増進に努める』ことに明白に反すること、すなわち合理的理由なく後退をもたらすことを許してはならない〉という内容の憲法上の法規範」を、25条2項は内包していると解すべきである。憲法97条は「この憲法が日本国民に保障する基本的人権は、人類の多年にわたる自由獲得の努力の成果であつて、これらの権利は、過去幾多の試錬に堪へ、現在及び将来の国民に対し、侵すことのできない永久の権利として信託されたものである」と規定する。ここから、人権が常に人類によって闘いとられてきたものであることを重視する立場からすると（上田 1996：137頁）、福祉政策における制度の後退は許されるべきものではない。そのような後退はまずもって民主的政治過程にて抑止・改善されるべきであるが、司法審査において

も厳格な審査に服するとすべきだろう。

【文献】
- 芦部信喜・高橋和之補訂『憲法第7版』（岩波書店、2019年）
- 上田勝美『新版憲法講義』（法律文化社、1996年）
- 内野正幸『憲法解釈の論理と体系』（日本評論社、1991年）
- 大須賀明『生存権論』（日本評論社、1984年）
- 尾形健「生存権保障の現況」論究ジュリスト13（2015年）
- 今野晴貴『生活保護―知られざる恐怖の現場』（ちくま新書、2013年）
- 奥野恒久「生存権・福祉政策と民主主義論（１）」龍谷大学政策学論集第7巻第1・2合併号（2018年）
- 笹沼弘志『臨床憲法学』（日本評論社、2014年）
- 佐藤幸治『日本国憲法論』（成文堂、2011年）
- 宍戸常寿『憲法解釈の応用と展開』（日本評論社、2011年）
- 西原博史『自律と保護―憲法上の人権保障が意味するものをめぐって』（成文堂、2009年）
- 長谷部恭男『憲法第6版』（新世社、2014年）
- 尾藤廣喜「相次ぐ生活保護基準の引き下げにどう対抗するか」世界915号（2018年）
- 松本和彦「生存権」小山剛・駒村圭吾編『論点探求 憲法第2版』（弘文堂、2013年）
- 宮沢俊義著・芦部信喜補訂『全訂日本国憲法第2版（全訂版）』（日本評論社、1993年）
- 棟居快行「生存権の具体的権利性」長谷部恭男編『リーディングス現代の憲法』（日本評論社、1995年）
- 湯浅誠『反貧困―「すべり台社会」からの脱出』（岩波新書、2008年）

第 9 章

労働と人権

Intro 1 日本の代表的なプロレタリア文学の一つとして、小林多喜二の『蟹工船』をあげることができる。この作品から、1920年代の労働者がいかに人間扱いされていなかったかをうかがい知ることができる。函館を発った「博光丸」は、北オホーツクで数ヵ月にわたり蟹を獲り缶詰加工する蟹工船である。そこに、全国から周旋屋などによって集められた貧しい男たちが乗り込む。彼らは、月に２回くらいしか風呂に入れてもらえないという劣悪な衛生状態のなかで、漁業監督に「お仕置き」として14・15歳の雑夫が便所に閉じ込められて殺される、病人にも容赦なく働かせるといった様が生々しく描かれている。もちろん、漁業監督の横暴な振る舞いに対し、労働者たちが団結して抵抗を試みる場面もある。

さて日本国憲法は、27条で「勤労の権利」を保障する。『蟹工船』で描かれている労働者の様子を念頭に、働くことを「権利」として保障することにどのような意味があるだろうか。

Intro 2 2018年に成立した「働き方改革一括法」の一つの柱である「高度プロフェッショナル制度」とは、どのような制度であろうか。この制度を労働者の人権という観点からすると、どう考えるべきであろうか。

1 労働者の権利

労働法の誕生

人を自由な主体と見ることによって契約という観念が誕生する。資本主義経済の下では、土地や機械といった生産手段を所有する資本家が、それらをもたない労働者を契約という形で賃金で雇い、市場向けの商品を生産する。契約は

本来、対等な両当事者の間で結ばれるが、資本家と、自らの労働力を売ることによってしか生活できない労働者との間には決定的な力の差が存在する。それゆえ実際の労働者は、厳しい環境の下、低賃金での長時間労働が強いられてきたのである。18世紀末から19世紀初頭にかけてイギリスで始まった産業革命により、機械や動力を用いての大量生産がなされるようになると、熟練した技術は必要なくなり、賃金の安い女性や子どもが多く使われるようになる。こうして工業都市の人口は急増するが、下水の設備等は整っておらず、労働者はひどい生活環境、悪い栄養状態のなかでの長時間労働といった極めて厳しい生活を余儀なくされた。

このような状況に対し、イギリスでは労働者が団結して労働条件の改善を求め、「機械打ちこわし（ラダイト）運動」なども行われるようになる。労働者の運動を通じて、1802年の工場法制定以降、労働時間を制限する法律が制定されるようになり、1833年には15時間労働法ができるとともに、実際の工場で法律が守られているかを監督する工場監督官がおかれることになる。さらに1834年には児童に対する8時間労働法、1848年には10時間労働法が定められるのである。

日本国憲法における労働者の権利

戦前の日本では、Intro 1 にもあるように周旋屋など仕事を斡旋することでマージンを取るいわゆる労働ブローカーが暗躍し、労働者は職務内容も職場も知らされずに働かされるということが多くあった。このような慣行を排除するとともに、労働者が人間的な生活ができるよう労働者を保護し、労働運動を認める世界的な動きを踏まえて、日本国憲法は27条で勤労の権利を保障し、28条で労働基本権を保障している。

憲法27条1項は、「すべて国民は、勤労の権利を有し、義務を負ふ」と規定する。資本主義経済において、労働者は雇用されなければ生活していくことができず、また構造的に失業を生み出すことから、国に対して雇用の保障を要求する権利を規定している。これを受けて、国は職業安定法による職業紹介や、職業能力開発促進法による職業教育・職業訓練、さらには国自身による失業対

策事業などがなされている。もっとも雇用の保障を求めるといっても、仕事であればどんなものでもよいというわけではない。働くことは、生きていくための収入を得ることであるのはもちろんだが、自己を成長させ自らの活力や生きがいの源泉ともなるものであり、また他者や社会とつながる社会参画の一つでもある。したがって、仕事の質にも配慮しそれが人間らしく働けるものであるとともに、各人の適性や希望や能力に応じた職業の保障が目指されなければならない。27条1項は、勤労が国民の義務であることを宣言しているが、もちろんそれは法律で国民に労働を強制するものではない。

労働基本権

　労働基本権とは、使用者に対しどうしても不利な立場に労働者があるなか、労使間の交渉力の実質的対等性を確保するためのもので、具体的には団結権、団体交渉権、団体行動権の三権からなる。団結権とは、労働者が労働組合を結成して使用者と対等に交渉できるようにする権利であり、団体交渉権とは、労働組合が使用者と労働条件について交渉する権利で、交渉によって締結されるのが労働協約（労働組合法（労組法）14条）である。労働協約では、賃金、労働時間、福利厚生などが取り決められ、個々の労働者と使用者との間で結ばれる労働契約や、使用者が定める就業規則よりも強い効力をもつ。そして労働組合が労働条件の改善などを求めて、ストライキなどの争議行動などを行う権利が団体行動権である。正当な争議行為は、労働組合法によって刑事上（労組法1条2項）・民事上（労組法8条）の免責特権が認められているため、処罰や損害賠償の対象とはならない。

　使用者による団体交渉の拒否、組合員への差別的待遇、労働組合への支配・介入は不当労働行為として禁止されている（労組法7条）。不当労働行為に対して、労働組合は国と都道府県におかれている第三者機関である労働委員会に申し立てる救済制度がおかれている。労働委員会は、労働者委員、使用者委員、そして学識経験者などの公益委員の三者から構成され（労組法19条1項）、あっせん、調停、仲裁の三つの方法によって争議の収拾にあたる（労組法20条）。あっせんとは労働委員会が指名した斡旋委員が労使双方の間に入って自主的解

決を促すもので、調停とは労働委員会が調停案をつくって労使双方に勧告して受諾を促すが強制力はもたない。仲裁とは、労使双方の申請に基づき公益委員のみで構成される仲裁委員会が仲裁裁定を行うもので、労働協約と同じ効力で労使双方を拘束する。

労働条件の法定と労働憲章

　憲法27条2項は、「賃金、就業時間、休息その他の労働条件に関する基準は、法律でこれを定める」と規定する。これを受けて制定された労働基準法（労基法）は、労働条件の最低基準を法律で定めるとともに、その監督機関として労働基準監督署を各都道府県におき、違反行為を行った使用者を処罰することを定める。労基法13条は、「この法律で定める基準に達しない労働条件を定める労働契約は、その部分については無効とする。この場合において、無効となった部分は、この法律で定める基準による」と規定し、労基法の定める労働条件の最低基準が個々の労働契約に優越することを明らかにしている。

　労基法は、 Intro 1 のような戦前の封建的な慣行を克服する意味からも、2条から7条までで労働関係で使用者が守るべき基本原則（労働憲章）を定めている。労基法2条では、労働条件の労使対等決定原則が定められ、これに基づきたとえば就業規則作成にあたって「労働者の過半数で組織する労働組合（過半数組合）がある場合においてはその労働組合、労働者の過半数で組織する労働組合がない場合においては労働者の過半数を代表する者（過半数代表）」の意見聴取手続を定めている（労基法90条）。

　労基法3条は、「使用者は、労働者の国籍、信条又は社会的身分を理由として、賃金、労働時間その他の労働条件について、差別的取扱をしてはならない」と、均等待遇の原則を定めている。これは憲法14条の平等原則を労働関係において具体化したものである。また憲法18条の具体化として、労基法5条は「使用者は、暴行、脅迫、監禁その他精神又は身体の自由を不当に拘束する手段によつて、労働者の意思に反して労働を強制してはならない」と、強制労働禁止の原則を定めている。

　労基法6条は、「何人も、法律に基づいて許される場合の外、業として他人

の職業に介入して利益を得てはならない」と中間搾取禁止の原則を規定している。この点で、労働者派遣事業が問題となるが、厚生労働省の解釈では、派遣元と派遣労働者との間に雇用契約関係が存在するので「他人の就業に介入」するものではないとしているが、批判もある。そして労基法7条によって、労働者が労働時間中に選挙権の行使など公民としての権利を行使することを保障している。

労働時間

　労働条件のなかで歴史上最初に規制されたのが労働時間であった。労働運動は、「1日は、8時間労働と8時間睡眠と8時間自由時間からなる」というスローガンを掲げて、労働者の命と健康、さらには人間らしい生活を守ろうとしたのである。1990年代には、失業対策としての「ワーク・シェアリング（時短による仕事の分かち合い）」による労働時間規制政策が打ち出され、最近では仕事と個人の生活のバランスを確保するための「ワーク・ライフ・バランス」が主張されるようになる。

　労働時間には、実際に働いている実労働時間と、出社から退社までの拘束時間とがあるが、労基法32条は休憩時間を除く実労働時間を採用している。では、実労働時間とは何かであるが、現在の通説・判例は、「労働者が使用者の指揮命令（監督）下におかれている時間」と定義している。そのため、本来業務の「準備・後始末の時間」や作業はしていなくとも就労場所に待機している「手持ち時間」も労働法上の労働時間と解される。具体的には、準備活動としての「更衣・洗面の時間」や「準備体操の時間」も使用者の指示がある場合などは労働時間と解される。最高裁は、「ビル管理業務中の仮眠時間」についても、仮眠室での待機と警報などへの対応が義務づけられている場合には、使用者の指揮命令下にあるとして労働時間と解している（最判2002・2・28）。

　労基法32条は、法定労働時間として1週の最長労働時間を40時間、1日の最長労働時間を8時間と定め、使用者が労基法の規定する時間外労働の要件を満たすことなく時間外労働をさせると罰則が科せられる（119条）。労基法上、時間外労働はあくまでも例外として、緊急の必要があるときに（33条）必要最小

限度で認められるもので、新たな雇用の代替として行われることは許されない。現行法上、時間外労働が許されるのは、災害等による臨時の必要がある場合（33条1項）、公務員が公務のために臨時の必要がある場合（33条3項）、そしていわゆる三六協定による場合（36条）である。

　なお、労基法32条の2は、労使協定又は就業規則による変形労働時間制を定め、1週・1日の法定労働時間の枠を変形して労働時間を配分することを認めている。特定の曜日や特定の期間に業務が集中するサービス業などでは、「1箇月以内の一定の期間を平均し1週間当たりの労働時間」が法定労働時間の40時間を超えない場合、特定の週・日については法定労働時間より長い時間を定めて労働者を働かせることができる。この場合、特定の週・日の所定労働時間が法定労働時間を超えても、使用者に割増賃金支払義務はない。

三六協定による時間外労働

　日本の労働時間規制で大きな問題は、労基法36条に基づく労使協定（「三六協定」）がある場合に時間外労働が許されることである。労使協定とは、労働条件規制を緩和・解除するために求められる、事業場における過半数組合（これがない場合は過半数代表者、以下、過半数代表）と使用者との間で結ばれる書面協定である。もっとも、三六協定の内容は、厚生労働大臣の定める「時間外労働時間の延長の限度等に関する基準」（1998年告示154号）に適合するものにしなければならない。そこには、時間外労働については週15時間、月45時間、年360時間などと限度時間が定められているが、罰則がないことなどから基準を超える延長時間を定めたとしても、三六協定の効果は否定されない。さらに、臨時的に限度時間を超えて時間外労働を行わなければならない「特別の事情」が予想される場合として、特別条項付三六協定が結ばれると限度時間の例外が認められる。これが長時間残業の横行する原因だとされる。なお、使用者は、法定時間外・休日や深夜（午後10時から午前5時まで）労働者を働かせた場合には、割増賃金を支払わなければならない（37条）。現在の割増率は、25％以上で、支払いをおこたると、使用者には罰則が科される（119条）。

　長時間労働に対する批判が高まるなか、安倍内閣は2017年3月、「働き方改

革実行計画」をまとめた。そこでは、労使協定による時間外労働の限度を「原則」として月45時間、年360時間とし、違反には罰則を科すとしている。しかし、特例として「臨時的な特別の事情がある場合」、労使協定によって年720時間を上限として認めている。また年720時間以内において、「一時的に事務量が増加する」いわゆる繁忙期でも、2～6ヵ月平均で休日労働を含んで80時間以内、単月で休日労働を含んで100時間未満を満たさなければならない、とする。過労死労災の認定基準は、おおむね1ヵ月100時間、2ヵ月連続80時間を発症に至る危険ラインとされるなか、はたしてこの上限規制は適切であろうか。

裁量労働みなし制

　労働者の労働時間の算定は、客観的に判定された労働時間を積み上げる実績主義が原則である。そして労基法は法定労働時間を定めていることから、使用者に労働時間管理の義務があることを前提としている。それゆえ、使用者には、個々の労働者の始業・終業時刻を把握し、労働時間を算定する義務がある。しかしながら、現行法上、労働時間実績主義の例外として2種類の裁量労働みなし制を認めている。

　一つは、外勤営業マンや取材記者のように、労働者の事業場外での労働が多いため使用者による実労働時間の算定が困難な場合である（事業場外みなし制）。この場合、労働時間は所定労働時間（38条の2第1項）か、労使協定で定めた時間（同条2項）となる。

　もう一つは、専門業務裁量労働みなし制である。新製品・新技術の研究開発、人文・自然科学の研究業務、コピーライターなど厚生労働省令で定められた業務で、業務遂行の方法が大幅に労働者の裁量に委ねられるもので、労使協定による（38条の3）。この場合の労働時間は、労使協定によって定められなければならない。

　企業の経営戦略として、労働時間による管理から成果主義的管理へのシフトが目指されるなか、みなし制を超えて、ホワイトカラーの一定層を労働法の労働時間規制の適用除外とするいわゆる「ホワイトカラー・エグゼンプション」が検討されてきた。 Intro 2 にあるように、安倍政権は、高年収の高度専門職で

本人の同意を前提とする「高度プロフェッショナル制度」の新設を一つの柱とする「働き方改革一括法」を2018年に成立させた。この制度では、高年収（現在、想定されているのは1075万円であるが、法律には明記されないので基準は容易に引き下げられ得る）などの要件をクリアする一定の対象者に対し、現行制度上のあらゆる労働時間規制を取り払うというものである。「残業代ゼロ法案」、「過労死を生み出す」と強い反対運動も起こったが、政府は以下のような健康確保措置を設けるとして導入を推進した。健康確保措置とは、「義務的なもの」として、①使用者による労働時間の把握、②年間104日以上かつ4週間を通じて4日以上の休日付与。「いずれか一つの選択的な義務」として、①勤務間のインターバル規制（法律に数値は定めず）と深夜業規制措置、②一定の労働時間上限規制（法律に数値は定めず）、③年1回以上・2週間の継続した休日付与、④健康診断実施である。この選択的な健康確保措置では、使用者が健康診断を実施しさえすれば、24日連続勤務・24時間勤務・休憩なしでも適法ということになる。

　この制度は、企業の都合によって労働者を働かせるとの発想が前提にあるのではなかろうか。労働者個人の生活が、企業の都合に完全に左右されるという状況など、はたして個人が尊重されているといえるのであろうか。

管理・監督者

　管理・監督者など労基法41条で定める労働者は、労働時間規制が適用されない。管理・監督者は、労働時間を自らの裁量でコントロールでき、通常その地位に応じた処遇を受けるためとされるが、使用者からすると時間外割増賃金を支払わなくてよい労働者である。そこで、人件費を抑えるために、実態に合わない役職名によって管理・監督者とされ（「名ばかり管理職」）、割増賃金を払われることなく長時間労働が強いられるという問題が発生している。

休憩と休日

　労基法34条は、1項で「使用者は、労働時間が6時間を超える場合においては少なくとも45分、8時間を超える場合においては少なくとも1時間の休憩時間を労働時間の途中に与えなければならない」と休憩の最小時間を定めている。

また、同条3項により、労働者は休憩時間を自由に利用できなければならず、もちろん外出の自由もある。
　休日とは、労働者が労働契約上の労務提供の義務を負っていない日のことである。労基法35条1項は「使用者は、労働者に対して、毎週少なくとも1回の休日を与えなければならない」と規定する。しかし、労基法35条2項は4週間を通じて4日以上の休日を与えれば、週休1日の原則は適用しないと、4週単位の変形週休制を認めている。

年次有給休暇（年休）

　第二次世界大戦後にヨーロッパで制度化された年次有給休暇とは、労働者に与えられる長期の連続休暇で、休暇中の賃金は使用者の負担で保障される。1970年のILO132号条約では、最低3週間（うち2週間の連続付与）の年休付与が定められている。
　労基法39条1項は、労働者が、①雇入れの日から6ヵ月継続勤務し、②全労働日の8割以上出勤したことを要件として、労働者に継続または分割した10労働日の年休が与えられなければならない、と規定する。そして39条2項により、以後勤続1年経過ごとに1日ずつ追加賦与し、勤続3年6ヵ月以降は2日ずつ加算され、勤続6年6ヵ月で付与される20日が上限となる。ここでいう「継続勤務」とは、同一使用者の下で被用者たる地位を継続していることで、「労働日」とは労働契約上労働義務を課されている日とされる。それゆえ、業務上の負傷・疾病による休業期間、育児・介護休業期間、産前産後休業期間は出勤したものとみなされる（39条10項）。
　年休は、週所定労働時間が30時間未満の労働者にも、週所定労働日数に比例して付与される。

賃金の支払い

　賃金の額は本来、労働者と使用者との合意によって決められるものであるが、労使間の力関係によって低い額に設定されかねない。そこで、最低賃金法に基づき、賃金の最低額を保障するため地域別最低賃金が設定される。労働契約に

おいて、最低賃金に達しない賃金が定められた場合、それは無効となり、無効となった部分は最低賃金額とみなされる（最賃法4条2項）。最低賃金は、都道府県に設置された労使と公益の委員からなる地方最低賃金審議会が、毎年、労働者の生計費・賃金、通常の事業の賃金支払い能力を考慮して定められる（最賃法9条2項）。

　賃金は、通貨で（通貨払いの原則）、直接労働者に（直接払いの原則）、その全額を（全額払いの原則）支払わなければならない（労基法24条1項）。通貨払いの原則により、日本円で支払われなければならず、現物給与も労働協約に定める場合を除いて認められない。金融機関への口座振り込みは、労働者本人の同意があり、支払日に確実に引き出せることを条件に認められている。直接払いの原則により、労働者がかりに未成年だからといっても賃金を親に支払うことはできない。全額払いの原則によって、たとえば労働者が使用者に損害を与えたという場合であっても、使用者が一方的に賃金から損害分を差し引くことは認められない。もっとも、税金や社会保険料を差し引くこと（控除）は、法律（所得税法183条、厚生年金保険法84条など）によって認められている。また、社宅の家賃、親睦会費、労働組合費の控除も労使協定を条件に認められている。

　さらに、賃金は毎月1回以上一定の期日を定めて（毎月1回以上一定支払の原則）支払われなければならない（労基法24条2項）。そのため、毎月25日前後といった不確定なものではなく、特定の支払日が定められなければならない。

労働契約の終わり方

　労働契約が終了する事由は様々である。契約を締結するさいに期間を定めている場合は、期間の最終日が来るとその契約は終了する（期間満了）。この場合、期間中にいずれか一方から契約を終了させることは原則としてできない。もっとも、民法628条により、「やむを得ない事由があるときは」期間途中でも各当事者は契約を解除することができる。

　多くの正社員は、「期間の定めのない契約」であり、民法627条1項により各当事者は2週間前に解約を申し入れれば雇用は終了する。労働者からの一方的な解約が「辞職」で、使用者からの一方的な解約が「解雇」である。当事者の

いずれかから解約の申入れがあり、相手方が承諾することを「合意解約」といい、契約期間の定めがあるかないかにかかわらず、労働契約を終了させることができる。もっとも「6ヵ月契約のアルバイト」といった期間の定めがある場合の辞職は、先述の通り「やむを得ない事由」がなければならず、またその事由が本人の過失による場合は損害賠償が請求されることもある。なお、契約時に「できるだけ長く働いてほしい」と言われただけであれば、期間は定められていないので、2週間前の予告だけで解約することができる。

　一定の年齢に達したことにより労働契約を終了させるのが、「定年制」で60歳以上であることが高年齢者雇用安定法8条で義務づけられている。また同法9条により65歳までの雇用確保措置を導入することが義務づけられている。

解　雇

　解雇は、労働者の生活を左右する重大な問題である。そこで、民法627条の2週間の予告期間という規定があるにもかかわらず、労基法20条により、使用者は解雇に際して、①30日前に予告するか、②30日分の平均賃金を解雇予告手当として支払うか、③2つの手段を併用して手当を支払った日数に応じて予告の日数を短縮するか、いずれかの手段をとらなければならない。また、国籍・信条・社会的身分を理由とした差別的解雇（労基法3条）、組合への加入やその活動を理由とする解雇（労組法7条1号）、性別を理由とした差別的解雇（均等法6条4号）、労働基準監督署への申告を理由とする解雇（労基法104条2項）など、法律によって禁止されている解雇事由もある。

　労働契約法16条は、「解雇は、客観的に合理的な理由を欠き、社会通念上相当であると認められない場合は、その権利を濫用したものとして、無効とする」と定める。これは、判例によって確立されてきた「解雇権濫用の法理」を明文化したものであり、2003年の労基法改正にあたっての国会審議などから、「基本的には使用者が解雇の合理的理由と社会的相当性を立証すべき」とされている。そのため、合理的理由も社会的相当性もなく権利濫用にあたる解雇は無効となるので、解雇された労働者は、訴訟で従業員としての地位確認請求が認められ職場に復職することができる。

解雇の理由には、労働者が病気になったとか、勤務成績が極めて悪いといった労働者の側に問題がある場合（普通解雇）がある。だが、このような場合でも、まずは使用者に、別の仕事への配置換えや指導による改善措置などが求められる。また労働者が規律に違反した場合などの懲戒解雇は、退職金が不支給になることもある最も重い処分である。それだけに、懲戒解雇にあたるか否かをめぐる就業規則の解釈は厳格になされなければならない。

　使用者の経営上の理由による整理解雇は、労働者個人に何の責任もないだけに、より厳格に判断されなければならない。判例では、整理解雇の合理性を認めるには、①人員削減の必要性、②解雇回避努力義務の履行、③被解雇者選定の合理性、④手続の妥当性という4要件を満たさなければならない、という判断基準が確立している（浜村ほか 2016：197頁以下）。

2　非正規労働者の人権問題

日本型雇用システムの確立と変容

　日本では、高度経済成長期の1970年代に大企業を中心に日本型雇用システムが確立され、正規労働者が90％を超えるなど世界から雇用モデルとされた。日本型雇用システムとは、主として終身雇用制、年功序列型賃金制、企業別労働組合の三つを指す。このシステムの下、この時期、主婦を中心としたパートタイム労働（短時間労働）が広がり、正社員の夫を主たる稼ぎ手として、主婦が夫の被扶養者でありつつ家計補助的に就労した。そして労働行政もこれを一つのモデルとして後押ししたのである。すなわち当時の厚生省は、通常の労働者に比べて労働時間が4分の3以下の場合は社会保険に加入させる必要はないとの方針を打ち出し、社会保険では年収130万円を被扶養者の認定基準とし、所得税法は年収103万円を非課税限度としたのである。それゆえ、パート労働者の多くは年収100万円程度で抑えたのである。日本型雇用システムは、男性が外の職場で就労し、女性が家庭内で家事や育児を行うとともに短時間のパートで働くという、「男女役割分担」というスタイルを確立するとともに、行政もこのスタイルを推進したのである。

ところが1990年になり経済のグローバル化が進みだすと、国内の生産拠点を海外に移す企業があいつぎ、製造業を中心に産業の空洞化が進行する。また、1990年代初めにバブル経済が崩壊し長期的な不況に入ると、企業は人員を削減するリストラを始め、新規学卒者の採用をひかえるなど深刻な雇用不安に陥る。そこで企業は、正規労働者を縮小する半面、低コストで雇用調整の容易な非正規労働者の採用を拡大したのである。契約・派遣・パートタイム労働者など雇用形態の多様化が進み、日本型雇用は劇的に変容する。

　1995年、当時の日経連が「新時代の『日本的経営』」を発表する。そこでは、雇用の三分化が提言される。すなわち、①定年までの雇用を前提に企業経営の基幹を担うごく少数の「長期蓄積能力活用型」、②3年から5年の有期契約を念頭に専門的な知識や経験を活かす「専門的能力活用型」、③1ヵ月から3ヵ月の短期契約を念頭に定型業務を担う型の三種である。「長期蓄積能力活用型」以外は、非正規労働者を採用するというのである。一般に非正規労働とは、直接雇用でない、雇用期間に定めのある有期雇用、生活をしていくだけの賃金を受け取れない短時間の雇用を指す。すなわち、派遣社員、契約社員、パート、アルバイトなどである。

有期雇用の反復更新と無期転換

　有期雇用の場合、その期間の満了をもって労働契約は終了する。しかし実際には、6ヵ月の契約が10回更新されるなど、短期間の契約が反復更新される場合は多々ある。これまで、有期雇用の更新拒否に対し、判例は一定の場合には解雇に準ずるとして解雇権濫用の法理を類推適用してきた（東芝柳町工場事件、最判1974・7・22）。それを、2012年の労働契約法（労契法）の改正によって明文化したのである。すなわち労契法19条は、1号にて有期労働契約が過去に反復して更新されたことがあり、更新しないことが社会通念上解雇と同視できる場合、2号にて当該有期労働契約が更新されるものと期待することについて合理的な理由が認められる場合、労働者が契約の申し込みをすると、使用者は従前と同一の労働条件で「当該申込みを承諾したものとみなす」と規定したのである。

また2012年の労契法の改正は、18条にて無期雇用への転換という制度を定めた。すなわち、「同一の使用者との間で締結された二以上の有期労働契約」の通算期間が5年を超えた場合、労働者が申込みをすれば、その有期労働契約の期間満了後に同一の条件で無期契約に転換されるというのである。ただ、二つの労働契約の間に原則6ヵ月の空白期間があると、以前の有期契約の期間がリセットされるため（18条2項）、留意する必要がある。

派遣労働

一般の労働者が労働契約を締結した使用者の指揮命令を受けて働くのに対し、派遣労働者は労働契約を締結している会社（派遣元）で働くのではなく、派遣元から派遣された別の会社（派遣先）の指揮命令を受けて働くことになる。すなわち、派遣労働者、派遣元、派遣先の三者において、派遣労働者と派遣元との間には労働契約関係、派遣労働者と派遣先との間では指揮命令関係、派遣元と派遣先との間には労働者派遣契約関係という三つの関係から成立する。

先にも触れたが、戦前の労働者供給が中間搾取の温床となったことから、1947年の職業安定法44条は労働者供給を禁止した。労働者派遣が労働者供給に当たらないかについて、労働者派遣法2条1号が労働者派遣を「自己の雇用する労働者を、当該雇用関係の下に、かつ、他人の指揮命令を受けて、当該他人のために労働に従事させることをいい、当該他人に対し当該労働者を当該他人に雇用させることを約してするものを含まないとする」と定義することで、労働者供給に当たらないとしている。しかし、1985年に労働者派遣法が制定されるまでは、労基法6条の定める直接雇用の原則に反する違法な労働形態であったのである。

企業の側が派遣労働者を就業させるのは、人件費の抑制に加えて、専門的な業務に対応できるなど必要な人材を確保するため、一時的・臨時的な労働力を確保するため、景気変動に応じて雇用量を調整するため、などとされる。他方、労働者が派遣での就労を選択する理由としては、専門的な資格や技能を活かせるため、自分の都合に応じた働き方ができるため、といった積極的なものもあるが、正社員として働ける会社がなかったためという理由が多いのも事実であ

る。派遣労働が三者の関係で成り立っており、とりわけ労働者派遣契約は商取引であるため、この制度は、労働が商品化されるという人権問題を生み出す構造を内包している。労働者派遣契約の激しい争奪戦のなかでは、「無料お試しキャンペーン実施中！一週間無料、一ヵ月35％オフ、三ヵ月13％オフ」などといった「人間のリース」のチラシが出回ったという（中野 2006：4頁以下）。

労働者派遣法に見られる労働法制の規制緩和

　1990年代以降、規制緩和を中心とする新自由主義改革は労働の分野でも見られる。たとえば、1985年に成立した労働者派遣法（派遣法）は、「我が国における雇用慣行との調和に留意し、常用雇用の代替を促すこととならないよう十分に配慮する必要がある」（「常用雇用代替禁止の原則」）として、その対象や期間を限定することに重点がおかれた。「常用雇用代替禁止の原則」とは、派遣労働は臨時的・一時的な労働力の補充であって、恒常的な労働は正規労働者が担うべきで派遣労働者が代替してはならない、というものである。それゆえ、派遣可能な業務は、ソフトウェア開発や事務用機器操作といった専門的性格をもつ業務と、建設設備の運転・点検・整備といった特別な雇用管理が必要な13業務（すぐに16業務になる）に限定して認められたのである（「ポジティブ・リスト」）。ところが、法改正により1997年には26業務に拡大され、1999年には港湾・建設・警備・製造など少数の業務を除いて原則としてどの業務も派遣可能にするという労働者派遣の原則自由化（「ネガティブ・リスト」化）がなされたのである。なお、このとき、派遣の業務が従来専門26業務とその他の業務とに分けられ、後者には1年という期間制限（2003年改正で3年に延長）が設けられたが、前者には期間制限は設けられなかった。そして2004年には、製造業も派遣可能業務となる。規制緩和推進論者から「小さく生んで、大きく育てる」政策のモデルとされるのが、労働者派遣をめぐるこの動向である。

　2008年の秋、「リーマンショック」を受け、日本で派遣労働者を中心に30万人近くがいきなり解雇されるという「派遣切り」がなされた。契約期間の途中で解雇された例や、住んでいた会社の寮からも出ていくように命じられ、仕事とともに住まいまで失った例も数多く存在する（竹信 2009：14頁以下）。「経済

危機で日本ほど雇用を失った労働者の多い国はない」とILO報告にはある。これを受け、派遣労働者の保護の強化が課題となる。

労働者派遣法のその後

　2012年の法改正によって、「派遣労働者の保護」が立法目的に明記されるとともに（派遣法1条）、日雇派遣の原則禁止、違法派遣の場合の労働契約申込みみなし制度など労働者の保護の強化がなされた。雇用管理責任が不明確になりがちな日雇派遣（日々または30日以内の期間で雇用される労働者）の派遣は、秘書や添乗、通訳・翻訳といった専門26業務を除いて禁止されることとなった。ただし、60歳以上の人、雇用保険の適用を受けない学生、年収500万円以上の人の副業、世帯収入500万円以上の世帯の主たる生計者でない人には適用されない。労働契約申込みみなし制度とは、派遣先が「違法派遣と知りながら」派遣労働者を受け入れた場合、派遣先がその派遣労働者に労働契約の申し込みをしたものとみなすという制度である。

　2015年の法改正では、「派遣可能期間が実質的に無制限になり得る大幅な規制緩和に再転換」されていると評される（浜村ほか 2016：256頁）。すなわち、これまで専門26業務とその他で区分してきたが、その区分をなくすことにした。そして、派遣元との労働契約が無期か有期かで区分し、有期の場合には派遣可能期間に制限を設けるが、無期の場合は設けないとした。有期の場合は、事業所単位と派遣労働者個人単位の二種類の期間制限がなされる。前者では、同一事業所での派遣労働者の継続的な受け入れは3年が上限とされるが、過半数代表の意見を聴取すれば同意がなくとも、回数に制限なく延長することが可能となる（派遣法40条の2）。後者では、ある派遣労働者の派遣先事業所の同一の組織単位（「課」）での継続的な受け入れは3年が上限である（派遣法40条の3）。しかし事業所単位での3年上限が延長されている場合、「課」が異なるのであれば同一事業所にて、その派遣労働者は3年を上限に受け入れ可能となる。労働者派遣法はその成立時に「常用雇用代替禁止の原則」が確認されたはずであるが、2015年改正にてこの原則は実質的に撤廃されたものといえよう。

改めて「労働」とは

「働くということは、労働者にとって、経済生活の基礎であり、生きがいの源泉ともなる。人は、労働によって、また労働に関わる集団的関係を通じて、人格的に成長する。労働は、その条件次第でときに苦痛となりときに喜びとなるが、いずれにしても人間存在の根源である」とされる（西谷 2013：2頁）。ただ収入を得るためでなく、活力や生きがいの源泉として自身を成長させるとともに、自分の役割や働きを通じて他者や社会とかかわることで自尊の拠りどころにもなる。憲法27条が働くことを「権利」として定めている所以であろう。

1999年のILO第87回総会以来、ディーセント・ワーク（Decent Work）という言葉がよく語られる。日本政府は、「働きがいのある人間らしい仕事」と訳し、①働く機会があり、持続可能な生計に足る収入が得られること、②労働三権などの働く上での権利が確保され、職場で発言が行いやすく、それが認められること、③家庭生活と職業生活が両立でき、安全な職場環境や雇用保険、医療、年金制度などのセーフティネットが確保され、自己の鍛錬もできること、公正な扱い、男女平等な扱いを受けること、だと説明している。

労働に対するこのような視点から、長時間労働や非正規労働といった問題を点検し、改善を促すことが必要であろう。またそれは、政治の重要な課題でもあろう。

【文献】
- 芦部信喜・高橋和之補訂『憲法第7版』（岩波書店、2019年）
- 緒方桂子・豊島明子・長谷河亜希子編『日本の法』（日本評論社、2017年）
- 笹山尚人『労働法はぼくらの味方！』（岩波ジュニア新書、2009年）
- 竹信三恵子『ルポ雇用劣化不況』（岩波新書、2009年）
- 中野麻美『労働ダンピング―雇用の多様化の果てに』（岩波新書、2006年）
- 中村和雄・脇田滋『「非正規」をなくす方法―雇用、賃金、公契約』（新日本出版社、2011年）
- 西谷敏『労働法第2版』（日本評論社、2013年）
- 浜村彰・唐津博・青野覚・奥田香子『ベーシック労働法第6版補訂版』（有斐閣、2016年）

第 10 章

平和と人権

Intro 下記の二つの文書、①は2015年8月9日の長崎被爆70年の「平和への誓い」、②は沖縄県立平和祈念資料館に描かれている文書である。どちらも、戦争の悲惨な実態を踏まえて平和への決意を示すという戦後日本国民が形成してきた平和論を象徴する文書だといえよう。だが戦後70年以上が経過して、戦争体験の継承が困難となるなか、平和についてどのような議論が必要だろうか。平和についても、人権問題として議論をすることはできないだろうか。二つの文書を読んだうえで、日本国憲法の平和主義と平和をめぐる現状を念頭に置きながら、「平和と人権の関係」について考えていただきたい。

① 70年前のこの日、この上空に投下されたアメリカの原爆によって、一瞬にして7万余の人々が殺されました。真っ黒く焼け焦げた死体。倒壊した建物の下から助けを求める声。肉はちぎれ、ぶらさがり、腸が露出している人。かぼちゃのように膨れあがった顔。眼が飛び出している人。水を求め浦上川で命絶えた人々の群れ。この浦上の地は、一晩中火の海でした。地獄でした。

　地獄はその後も続きました。火傷や怪我もなかった人々が、肉親を捜して爆心地をさまよった人々が、救援・救護に駆け付けた人々が、突然体中に紫斑が出、血を吐きながら、死んでいきました。

　70年前のこの日、私は16歳。郵便配達をしていました。爆心地から1.8キロメートルの住吉町を自転車で走っていた時でした。突然、背後から虹のような光が目に映り、強烈な爆風で吹き飛ばされ道路に叩きつけられました。

　しばらくして起き上がってみると、私の左手は肩から手の先までボロ布を下げたように、皮膚が垂れ下がっていました。背中に手を当てると着ていた物は何もなくヌルヌルと焼けただれた皮膚がべっとり付いてきました。不思議なことに、傷からは一滴の血も出ず、痛みも全く感じませんでした。

それから2晩山の中で過ごし、3日目の朝やっと救助されました。3年7カ月の病院生活、その内の1年9カ月は背中一面大火傷のため、うつ伏せのままで死の淵をさまよいました。
　そのため私の胸は床擦れで骨まで腐りました。今でも胸は深くえぐり取ったようになり、肋骨の間から心臓の動いているのが見えます。肺活量は人の半分近くだと言われています。
　かろうじて生き残った者も、暮らしと健康を破壊され、病気との闘い、国の援護のないまま、12年間放置されました。アメリカのビキニ水爆実験の被害によって高まった原水爆禁止運動によって励まされた私たち被爆者は、1956年に被爆者の組織を立ち上げることができたのです。あの日、死体の山に入らなかった私は、被爆者の運動の中で生きてくることができました。
　戦後日本は再び戦争はしない、武器は持たないと、世界に公約した「憲法」が制定されました。しかし、今集団的自衛権の行使容認を押しつけ、憲法改正を押し進め、戦時中の時代に逆戻りしようとしています。今政府が進めようとしている戦争につながる安保法案は、被爆者をはじめ平和を願う多くの人々が積み上げてきた核兵器廃絶の運動、思いを根底から覆そうとするもので、許すことはできません。
　核兵器は残虐で人道に反する兵器です。廃絶すべきだということが、世界の圧倒的な声になっています。
　私はこの70年の間に倒れた多くの仲間の遺志を引き継ぎ、戦争のない、核兵器のない世界の実現のため、生きている限り、戦争と原爆被害の生き証人の一人として、その実相を世界中に語り続けることを、平和を願うすべての皆さんの前で心から誓います。

　　　　　　　　　　　　　　　　　　　　　　　　被爆者代表　谷口稜曄

② 沖縄戦の実相にふれるたびに　戦争というものは
　　これほど残忍で　これほど汚辱にまみれたものはない　と思うのです
　　この　なまなましい体験の前では　いかなる人でも
　　戦争を肯定し美化することは　できないはずです
　　戦争をおこすのは　たしかに　人間です　しかし　それ以上に
　　戦争を許さない努力のできるのも　私たち　人間　ではないでしょうか
　　戦後このかた　私たちは　あらゆる戦争を憎み
　　平和な島を建設せねば　と思いつづけてきました
　　これが　あまりにも大きすぎた代償を払って得た
　　ゆずることのできない　私たちの信条なのです

1　日本国憲法の平和主義と安全保障政策の変遷

日本国憲法の平和主義

　日本国憲法は前文第2段において、日本国民は「平和を愛する諸国民の公正と信義に信頼して、われらの安全と生存を保持しようと決意した」と、「信頼の原則」に立脚することを謳う。北東アジアで軍事的緊張がしばしば高まるなか、「日本が攻撃されたらどうするのか」という不安を多くの国民はもっているかもしれない。しかし、日本国憲法の立場は、どんなことがあっても軍事的な対立にしない、対話等を通じて信頼関係を築くことに全力を傾注する、というものである。そのうえで、「われらは、全世界の国民が、ひとしく恐怖と欠乏から免かれ、平和のうちに生存する権利を有することを確認する」と、平和的生存権を宣明する。いうまでもなく「権利」とは、多数決決定に対抗しうることを特質とするが、憲法は平和の問題を「権利」の問題と把握し、そうすることで裁判を提起する道を開いたのである。

　そして第2章を「戦争の放棄」とし、憲法9条1項にて「日本国民は、正義と秩序を基調とする国際平和を誠実に希求し、国権の発動たる戦争と、武力による威嚇又は武力の行使は、国際紛争を解決する手段としては、永久にこれを放棄する」と定めて、戦争と武力による威嚇・武力の行使の放棄を、9条2項では「前項の目的を達するため、陸海空軍その他の戦力は、これを保持しない。国の交戦権は、これを認めない」と、戦力の不保持と交戦権の否認を宣言する。徹底した非軍事平和主義といえよう。なお一般に、「戦争」が宣戦布告による国際法上のそれをいうのに対し、「武力の行使」とは満州事変のように宣戦布告することなく行われる事実上の戦争をいう。

　憲法制定過程での政府の9条解釈は、当時の吉田茂首相が「戦争放棄に関する本条の規定は、直接に自衛権を否定して居りませぬが、第9条2項に於て一切の軍備と国の交戦権を認めない結果、自衛権の発動としての戦争も、又交戦権も放棄したものであります。従来近年の戦争は多く自衛権の名に於て戦はれたのであります。満州事変然り、大東亜戦争又然りであります」(1946年6月26

日衆議院本会議）と答弁したように、日本も自衛権はもつが、9条2項の戦力不保持規定により自衛戦争もできない、というものであった。そして憲法制定当初、日本政府は9条に基づき非軍事の立場をとっていた。

再軍備の開始

　東西「冷戦」が激化するなか、中華人民共和国の成立（1949年）、朝鮮戦争の勃発（1950年）を受け、アメリカは対日占領政策を変更する。1950年、マッカーサーが警察予備隊の創設を指令することで日本の再軍備がスタートする。政府は、警察予備隊はその目的・能力からみて憲法の禁じる「戦力」にはあたらず、もっぱら治安維持用の「警察」力だと説明した。1951年、日本は「西」側との「片面講和」という形でサンフランシスコ平和条約を締結して独立を回復するとともに、日米安全保障条約を締結して米軍の駐留を受け入れる。

　1952年、警察予備隊は保安隊・警備隊に発展改組されるが、そのさい政府は、「戦力」を近代戦争遂行に役立つ程度の装備・編成を備えたものだとし、保安隊・警備隊は近代戦争遂行能力をもたず戦力にあたらないとした。

　1954年に日米相互防衛援助協定（MSA協定）が結ばれ、日本は防衛力増強の義務を負うこととなり、保安隊・警備隊は自衛隊へと改組された。自衛隊は、「我が国の平和と独立を守り、国の安全を保つため、我が国を防衛することを主たる任務」（自衛隊法3条1項）とすると、防衛目的を正面から掲げる組織である。それに対し政府は、「憲法は自衛権を否定していない。自衛権は国が独立国である以上、その国が当然に保有する権利である」との統一見解を示したうえで、自衛のためとはいえ「戦力」をもつことは憲法上禁じられているが、「自衛のための必要最小限度の実力」（自衛力）をもつことは9条に違反せず、自衛隊は「自衛のための必要最小限度の実力」であって、「戦力」ではないとした。また政府は、自衛のための実力の行使について、①わが国に対する急迫不正の侵害があること、②これを排除するために他の適当な手段がないこと、③必要最小限度の実力行使にとどまるべきこと、の三要件を示した。このようななか、自衛隊は「専守防衛」に徹するとの原則が確立し、参議院では「自衛隊の海外出動を為さざることに関する決議」が出されている（1954年6月6日参

議院本会議)。また、先の三要件からの帰結として、「憲法9条の下において許容されている自衛権の行使は、我が国を防衛するために必要最小限度の範囲にとどまるべきものであると解しており、集団的自衛権を行使することは、その範囲を超えるものであって、憲法上許されない」(政府答弁書1985年9月27日)とされた。

日米新安保体制

1960年、岸信介内閣は安保反対闘争を押し切り、新安保条約を締結した。この条約は「日本国の施政の下にある領域における、いずれか一方に対する武力攻撃」があった場合の日米共同対処を規定し(5条)、また米軍の日本駐留は日本防衛のためだけでなく、「極東における国際の平和及び安全の維持に寄与するため」だ(6条)、とする。そのため、米軍が極東でおこした戦争に日本が自動的に巻き込まれる危険性が指摘されることになる。

1960年以来、日米安全保障条約自体は改定されないものの、日米防衛協力のための指針(「ガイドライン」)の策定、日米共同作戦計画や共同演習、在日米軍の駐留経費の負担増額など、日米軍事関係の強化が進められていく。

海外活動を展開する自衛隊

1989年11月に「ベルリンの壁」が崩壊し、12月には米ソ首脳によるマルタ会談が行われて、「冷戦」は終結した。しかし、1991年には湾岸戦争が勃発し、これを契機に日本の「国際貢献」として自衛隊の海外活動を求める議論が高まる。政府は、湾岸戦争終結後に海上自衛隊の掃海艇をペルシャ湾に派遣する。1992年には国連平和維持活動(PKO)等協力法を成立させて、以後、カンボジア・モザンビーク・東ティモールなどに自衛隊を派遣している。

「冷戦」終結後の日米安保体制に新たな意義づけを行ったのが、1996年の日米安保共同宣言である。そこでは、日米防衛協力によって「アジア・太平洋地域」の安全を担うとされた。1997年、新しい防衛協力のための指針(「新ガイドライン」)が策定され、これを実施するために周辺事態法などガイドライン関連法が制定される。これにより、「日本周辺地域で」日本の平和と安全に重要な

影響を与える事態(「周辺事態」)に際して、自衛隊は米軍の軍事活動を後方支援(物資の補給・輸送、兵員の輸送、傷病者の治療、通信、空港・港湾の提供・整備等々の活動)し、さらに地方自治体や民間に対し協力を依頼できるようになった。

2001年9月にアメリカで同時多発テロが起こると、アメリカはその首謀者をかくまっているとして、アフガニスタンへの攻撃を始めた。これを受けて日本政府は、11月にテロ対策特別措置法を制定し、米軍支援のために海上自衛隊をインド洋に派遣する。2003年3月、米軍等は国連安全保障理事会の決議のないなか、イラクが大量破壊兵器を保持しているとしてイラク攻撃を開始した。そして日本政府は、イラク復興支援特別措置法を制定して、戦時下の他国領土にはじめて自衛隊を派遣した。自衛隊は、給水や道路補修など非軍事の人道復興支援活動と、米軍等への燃料補給や兵士輸送といった安全確保支援活動を行った。

その一方で、2003年には武力攻撃事態法など有事関連三法が制定され、武力攻撃が発生したり武力攻撃が予測される事態にさいしての、国や地方自治体、公益的事業を営む指定公共機関等の責務、さらには国民の協力も定められた。2004年にはこれらを補完する国民保護法や米軍行動円滑化法など有事関連七法が制定されている。2006年には自衛隊法の改定により、これまで付随的任務であった自衛隊の海外活動が本来任務とされるようになった。さらに2009年には、「海賊対処法」が成立し、海上自衛隊がソマリア沖に派遣されるなど、自衛隊の活動範囲は大幅に拡大している。

「国家安全保障」なる基本理念

安倍晋三政権下において、2013年12月に閣議決定された「国家安全保障戦略について」は、「政府の最も重要な責務は、我が国の平和と安全を維持し、その存立を全うすることである」と始め、「国益」を前面に押し出し、国家安全保障を国政の最高価値に位置づける。また本戦略の基本理念として繰り返されるのが、「国際協調主義に基づく積極的平和主義」である。

本戦略では、「戦略的アプローチ」として具体的な政策提言がなされており、たとえば「国際協調主義に基づく積極的平和主義の観点から、防衛装備品の活

用等による平和貢献・国際協力に一層積極的に関与するとともに、防衛装備品等の共同開発・生産等に参画することが求められている」と述べ、武器輸出三原則の撤廃を提言する。このように、「国際協調主義に基づく積極的平和主義」は、主として憲法9条の下で確立してきた軍事に対する「歯止め」を突破するために用いられている。

　本戦略につきとりわけ注目すべきことは、「我が国が有する多様な資源を有効に活用し、総合的な施策を推進するとともに、国家安全保障を支える国内基盤の強化と内外における理解の促進を図りつつ、様々なレベルにおける取組を多層的かつ協調的に推進することが必要」という、本戦略策定にあたっての認識である。この認識を前提に、たとえば国内基盤の強化と国際社会・国民の広範な理解を得るため、「我が国の防衛生産・技術基盤を維持・強化していく」ための「情報発信の強化」として「官邸を司令塔として、政府一体となった統一的かつ戦略的な情報発信を行う」とする。さらに「国家安全保障政策を中長期的観点から支えるため」「我が国と郷土を愛する心を養うとともに、領土・主権に関する問題等の安全保障分野に関する啓発や自衛隊、在日米軍等の活動の現状への理解を広げる取組、これらの活動の基盤となる防衛施設周辺の住民の理解と協力を確保するための諸施策等を推進する」、「知的基盤の強化」として「関係省庁職員の派遣等による高等教育機関における安全保障教育の拡充・高度化、実践的な研究の実施等を図る」とともに「現実的かつ建設的に国家安全保障政策を吟味することができる民間の専門家や行政官の育成を推進する」といったアプローチが並ぶのである。

海外で軍事活動のできる自衛隊に

　安倍政権の下で、2014年7月に憲法9条解釈を変更する閣議決定がなされた。すなわち、従来の自衛隊の実力行使三要件を「武力の行使」の新三要件に改め、①「我が国に対する武力攻撃が発生した場合のみならず、我が国と密接な関係にある他国に対する武力攻撃が発生し、これにより我が国の存立が脅かされ、国民の生命、自由及び幸福追求の権利が根底から覆される明白な危険がある場合において」、②「これを排除し、我が国の存立を全うし、国民を守るために

他に適当な手段がないときに」、③「必要最小限度の実力を行使すること」は、従来の政府見解の基本的な論理に基づく自衛のための措置として、憲法上許されるとした。

　2015年4月には「日米防衛協力のための指針（ガイドライン）」が改定された。そしてこれらを具体化するため、政府は2015年5月に「国際平和法案」と「平和安全法制整備法案」という2本立てで、いわゆる「安保関連法案」を国会に提出した。この法案は、とりわけ長年にわたって政府自身が「できない」としてきた集団的自衛権の行使に道を開く点で立憲主義に反するとして、憲法・国際法学者や法律家、内閣法制局長官経験者、外務官僚経験者といった広範な人たちから批判が提示されるのみならず、国民の反対世論も近年になく高まり、国会前のみならず全国にて反対のデモや集会といった直接行動が展開された。

　「安保関連法」は、2015年9月19日に成立した。新法の国際平和支援法により、国際社会の平和及び安全を脅かす事態で国際社会が共同で対処する必要がある（「国際平和共同対処事態」）と認定されれば、自衛隊は後方支援活動を行うことができる。また、重要事態安全確保法により、我が国の平和と安全に重要な影響を与える事態（「重要影響事態」）においては、地理的限定もなく後方支援活動を行うことができる。そして自衛隊法等の改定により、「新三要件」の下での存立危機事態への対処として武力行使（集団的自衛権の行使）が可能となる。さらにはPKO法や自衛隊法の改定によって、PKOや在外邦人の警護・救出等にさいして、自衛隊の「武器使用」要件が緩和されたのである。安倍政権はこれらを「積極的平和主義」なる概念で正当化を試みたが、そもそもこの概念は、軍事権力の制限規範・非軍事理念であるはずの憲法の平和主義を、軍事権力を拡大する理念へと一方的に変質させたものといえよう。先に見たように、憲法9条2項は「戦力」の保持を禁じているため、そもそも軍事的組織の存在自体に疑義がある。それを歴代政府は、自衛隊は自衛のための必要最小限度の実力であって集団的自衛権は行使できないとして、戦力でないとしてきたのである。それゆえ、集団的自衛権の行使に道を拓くことは自衛隊を合憲とする論理自体を捨て去ることになり、自衛隊は戦力とならざるを得ない。憲法9条2項に反することは明らかである。

2016年3月に施行された安保関連法に基づき、11月には閣議決定で、南スーダンでのPKOに参加する自衛隊に新任務として「駆けつけ警護」と「宿営地共同防護」が付与されている。そして2017年5月以降、安倍政権はこのように海外で軍事活動を行えるようになった自衛隊を憲法9条に明記するという改憲論を提起しているのである。

憲法9条に自衛隊を明記する改憲論

　2017年5月に安倍首相により、憲法9条1項・2項を残したまま自衛隊を明記するという改憲案（自衛隊明記改憲論）が提起されて以降、改めて改憲論議が活発化している。災害救援活動を行う自衛隊に対しては国民の支持も強く、自衛隊明記改憲論も好意的に受け止められるかもしれない。だが、考えておくべきことが大きく三点あると思われる。第一は、先に見たように2000年代になって、とりわけ安倍政権下において、自衛隊の性格が専守防衛から海外で軍事活動の行える自衛隊に変容していることである。したがって、自衛隊明記改憲論を論じるにあたっては、集団的自衛権の行使など海外で軍事活動を行う自衛隊を認めるか否かを論じなければならない。第二は、自衛隊が憲法に明記されるということは、自衛隊が公共性を有すると国民が認めたということである。たとえば現在、徴兵制なり自衛隊への強制入隊は、公共の福祉に合致しないため憲法18条の身体の自由に反する、と政府は解釈している。だが、自衛隊が公共性を有する存在となれば、自衛隊への強制入隊も違憲とはいえなくなるであろう。第三は、そもそも軍事的価値を認めていない日本国憲法に軍事的組織である自衛隊を明記することが、はたして整合するかという問題である。

2　平和のうちに生存する権利

人権としての平和

　日本国民の平和意識や平和論が、 Intro で示したような、かつての悲惨な戦争体験を基盤にしていることは疑いない。また戦争や平和について考えるさい、戦争の現実に対するリアルな想像力は必要不可欠である。それゆえ、かつての

悲惨な戦争の実態を学ぶことは重要であろう。だが、時代とともに戦争体験の継承が困難になるとともに、戦争の悲惨さのみに依拠した平和論は「紛争に巻き込まれたくない」「戦争被害者になりたくない」という意識にとどまる可能性もある。この点を克服するため、戦争や平和の問題に「自分も他者も一人の人間として大切にする」という人権の視点を組み入れることが必要ではなかろうか。先述の通り、日本国憲法は前文で平和的生存権を確認し、平和の問題を「人権」の問題として把握しているのである。

平和的生存権の裁判規範性

日本の最高裁は、警察予備隊違憲訴訟（最大判1952・10・8）以来、付随的審査制を採用しているとして、具体的な事件のないところで抽象的に違憲審査を行うものではないとする。それゆえ、憲法訴訟を提起するには、その前提として、権利侵害など何らかの事件性がなければならない。ここで注目されるのが、憲法前文の平和的生存権である。

「冷戦」下の1960年代末、保安林に指定されている北海道長沼町の山林に防衛庁（当時）がミサイル基地を建設しようとしたのに対し、反対する地元住民が基地建設のための保安林指定解除処分の取消しを求めて争ったのが長沼訴訟である。この訴訟で札幌地裁は、当該処分により地域住民の平和的生存権が侵害ないし侵害される危険性がある限り、「その地域住民にはその処分の瑕疵を争う法律上の利益がある」とし、さらに「レーダー等の施設基地は一朝有事の際にはまず相手国の攻撃の第一目標になるものと認められるから、原告らの平和的生存権は侵害される危険がある」と述べ、平和的生存権の裁判規範性を認めた（札幌地判1973・9・7）。もっとも控訴審は、平和的生存権について「裁判規範として何ら現実的個別的内容を持つものとして具体化されているものではない」と、その裁判規範性を否定している（札幌高判1976・8・5）。

平和的生存権の裁判規範性をめぐって学説上対立があったなか、自衛隊の海外活動が本格化する1990年代以降、とりわけ2003年12月からのイラク派遣に対し、それに抵抗する市民訴訟において再びこの権利が脚光を浴びる。今度は自衛隊の海外活動という、日本国民がいわば「加害の側」に立つとの認識と、憲

法前文が日本国民だけでなく「全世界の国民」の平和的生存権を確認していることを根拠に、平和的生存権から「加害者にならない権利」などを導こうとしたのである。平和的生存権を梃子としての理論と実践の下、2008年名古屋高裁が、航空自衛隊の活動はイラク復興支援特別措置法および憲法9条1項に違反すると断じるとともに、平和的生存権の裁判規範性を肯定した（名古屋高判2008・4・17）。すなわち、名古屋高裁は平和的生存権につき、「憲法の保障する基本的人権が平和の基盤なしには存在し得ないことからして、全ての基本的人権の基礎にあってその享有を可能ならしめる基底的権利」だとし、「平和概念の抽象性等のためにその法的権利性や具体的権利性が否定されなければならない理由はない」と述べる。そして「憲法9条に違反する国の行為、すなわち戦争の遂行等への加担・協力を強制されるような場合には、……裁判所に対し当該違憲行為の差止請求や損害賠償等の方法により救済を求めることができる場合がある」と判示したのである。

現代的平和構想としての平和的生存権

　平和的生存権は、平和を構想する理論も提供する。現代的平和論としては、たとえば「構造的暴力」論が国際的に提唱されてきたが、日本の憲法学は、これらを吸収して平和的生存権の理論的補強を試みてきた。君島東彦は、「平和の実現とは暴力を克服することであるが、われわれが克服すべき暴力には戦争のような直接的暴力の他にも、構造的暴力がある。構造的暴力とは、社会構造の中に組み込まれている不平等な力関係、さまざまな格差などであり、経済的搾取、政治的抑圧、さまざまな差別、植民地支配などがあげられる」という。そして日本国憲法は、前文により専制、隷従、圧迫、偏狭、恐怖、欠乏といった構造的暴力を、また9条により直接的暴力を克服しようとしていると主張する（君島 2004：79頁）。

　このように憲法前文の平和的生存権と9条の非軍事平和主義とを統一的に把握することで、積極的に平和を構想し得るのである。また、そもそも平和的生存権は、平和の問題を一人ひとりの「人権」の問題と解するもので、国家の視点でなく個人の視点に立つのである。

カント『永遠平和のために』

　人権やその核心原理である個人主義が、一人ひとりの個人の生は国家や他者の手段や道具でなく、それ自体が目的であるとするならば、戦争に動員されるとはどういうことであろうか。18世紀末に書かれた、カントの『永遠平和のために』の第3条項は「常備軍は、時とともに全廃されなければならない」とする。そして続けて「なぜなら、常備軍はいつでも武装して出撃する準備を整えていることによって、他の諸国を絶えず戦争の脅威にさらしているからである。常備軍が刺激となって、たがいに無際限な軍備の拡大を競うようになると、それに費やされる軍事費の増大で、ついには平和の方が短期の戦争よりもいっそう重荷となり、この重荷を逃れるために、常備軍そのものが先制攻撃の原因となるのである。そのうえ、人を殺したり人に殺されたりするために雇われることは、人間が単なる機械や道具としてほかのものの（国家の）手で使用されることを含んでいると思われるが、こうした使用は、われわれ自身の人格における人間性の権利とおよそ調和しないであろう。だが国民が自発的に一定期間にわたって武器使用を練習し、自分や祖国を外からの攻撃に対して防備することは、これとは全く別の事柄である」（カント　2015：16頁以下）と述べる。

　動員される戦争において、兵士は国家の機械や道具となり、「人格の人間性の権利とおよそ調和しない」とカントは指摘するのである。さらに敵国兵も個人として尊重し、相手の人権に思いを馳せるなら、戦う、殺すといったことは極めて困難であろう。人権意識の世界的な醸成は、平和構築の鍵にならないだろうか。

軍事活動への従事と平等

　近年、「経済的徴兵制」という言葉が注目されている。経済的に苦しい者にとって、生きていくための限られた選択肢として、軍事活動に従事するしかない、という問題である。この問題も、人権という視点からすると、重大である。たとえば、社会学者の大澤真幸は以下のように主張する。

　「自衛隊であれ国防軍であれ、もし軍隊的なものをもつとすれば、徴兵制である必要があると、私は思います。少なくとも、徴兵制になるなら、それでも

いいのだ、喜んで受け入れましょうという人だけが、軍隊をもつことに賛成すべきです。徴兵制には反対だが、軍隊が必要だという場合、自分は戦場に行く気はないが、他の人が戦争をしてくれて、日本を守ってくれ、と言っていることになります。つまり、他人がつくった安全や平和にただ乗りしたいと言っているのと等しくなる。ですから、軍隊があったほうがいいと言うのであれば、有事の際には国を守るために自らも戦いに参加すると言うのでなければ、筋が通らないと思うのです。少なくとも、徴兵制でもよいという前提があって、軍隊をもつことに賛成しなければなりません」(大澤 2016：205頁以下) と。

「戦争は、最大の人権侵害である」としばしば言われる。戦時下において、自分らしく生きて暮らすなど困難だということは想像に難くない。「一人ひとりが大切にされる」という人権の価値を改めて確認し、人権の尊重される社会を求めていくという視点から、平和や戦争について考えることも大切ではないだろうか。

【文献】
- 市川正人・倉田原志編『憲法入門―憲法原理とその実現』(法律文化社、2012年)
- 上田勝美『立憲平和主義と人権』(法律文化社、2005年)
- 浦田一郎『現代の平和主義と立憲主義』(日本評論社、1995年)
- 浦部法穂「憲法9条と『人間の安全保障』」法律時報945号 (2004年)
- 奥野恒久「安保関連法の違憲性と問題性」龍谷大学政策学論集第5巻第2号 (2016年)
- 大澤真幸「私の9条改正案」『憲法9条とわれらが日本』(筑摩選書、2016年)
- カント／宇都宮芳明訳『永遠平和のために』(岩波文庫、2015年)
- 君島東彦「『武力によらない平和』の構想と実践」法律時報945号 (2004年)
- 憲法研究所・上田勝美編『平和憲法と人権・民主主義』(法律文化社、2012年)
- 小林武『平和的生存権の弁証』(日本評論社、2006年)
- 布施祐仁『経済的徴兵制』(集英社、2015年)
- 山内敏弘『平和憲法の理論』(日本評論社、1992年)
- 和田進『戦後日本の平和意識―暮らしの中の憲法』(青木書店、1997年)
- 渡辺治・福祉国家構想研究会『日米安保と戦争法に代わる選択肢―憲法を実現する平和の構想』(大月書店、2016年)

第 11 章

人権と民主主義

Intro 1 　特定秘密保護法は2013年に、安保関連法は2015年に、それぞれ国会にて可決し成立している。いうまでもなく、国会は国民から選挙で選出された国会議員で構成されている。ところがこれらの法律は国民から決して評判のいいものではなかった。たとえば、「毎日新聞」の世論調査をあげておきたい。特定秘密保護法案について、その内容が明らかになった2013年11月12日の調査で、「賛成」が29％で「反対」が59％。安保関連法案について、衆議院で審議がなされていた2015年7月6日のもので、「賛成」が28％で「反対」が61％であった。このような個別の争点に対して示される民意と、その直後の国政選挙で示される民意との開きは、どうして生じるのであろうか。またこの開きをどう考えればよいだろうか。

Intro 2 　自民党が2012年に発表した「憲法改正草案」によると、改憲をして下記のような緊急事態条項を憲法に加えるべきという。とりわけ、「テロや災害に備えて緊急事態条項は必要」との主張があるが、どう考えるべきだろうか。
- 「内閣総理大臣は、我が国に対する外部からの武力攻撃、内乱等による社会秩序の混乱、地震等による大規模な自然災害その他の法律で定める緊急事態において、特に必要があると認めるときは、法律の定めるところにより、閣議にかけて、緊急事態の宣言を発することができる」(98条)。
- 「緊急事態の宣言が発せられたときは、法律の定めるところにより、内閣は法律と同一の効力を有する政令を制定することができるほか、内閣総理大臣は財政上必要な支出その他の処分を行い、地方自治体の長に対して必要な指示をすることができる」(99条)。
- 「緊急事態の宣言が発せられた場合には、何人も、法律の定めるところにより、当該宣言に係る事態において国民の生命、身体及び財産を守るために行われる措置に関して発せられる国その他公の機関の指示に従わなければならない。この場合においても、第14条、第18条、第19条、第21条その他の基本的人権に関する規

定は、最大限に尊重されなければならない」(99条3項)。

1 人権と民主的政治過程

民主主義の困難

　本来、一人ひとりが大切にされる社会が目指されるべきであり、憲法13条が規定するように、政治はすべての人の人権尊重を目的に行われなければならない。だが、人々の間には多様な価値や利害が存在し、それらの調整が難しい場合や、政治が多数派や「大きな声」にばかり従い、少数派や「小さな声」を軽視・無視する場合も多々ある。時には、多数の国民の声をも無視した強権的な政策決定もなされている。「多数派支配」とも言われるなか、民主主義とは何か、民主主義過程とはどうあるべきかが問われなければならない。

　民主主義とは、一般にその社会の構成員全員が議論をしたうえで、多数決にて決定をし、その決定に全員が従うことというイメージがあるだろう。だがここにも、議論に力点をおく民主主義と、多数決決定に力点をおく民主主義とで大きく異なる。もちろん、決められるべき問題の性格にも注目する必要があり、たとえばあるパーティの日程と、組織の基本方針、さらには「脳死」問題や生殖医療の問題といったそれぞれの価値観の問われる問題とでは、その論じ方や決定方法も変わってくるだろう。そのことに留意しつつも、多数決決定に力点をおくと、物事をスピーディに処理することはできるだろうが、少数派の意見が採用・反映されることはまずあり得ない。では、意見を聞き入れられることのまったくない人々は、自らの所属する社会と自らの関係をどう捉えるだろうか。無視され続けている、阻害されている、一人の人とみなされていない、尊重されていないと受け止めるならば、やはり人権問題である。

多様な民主主義観

　理性的な議論に力点を置く民主主義観が熟議民主主義 (deliberative democracy) として注目されている。熟議民主主義は、参加者の熟慮と理由に基づく

討議という決定に至るプロセスを重視するものだが、たとえば合意形成を目指すのか、仮に合意に至らなくともそれぞれの立場を明らかにすること自体に意義を見出すのかなど、多様なモデルが存在する。もっとも熟議民主主義に対しては、コストと時間を浪費するだけだといった批判もある。とりわけ合意形成を目指すことは、それが圧力となってかえって少数派を排除する危険性がある。そこで、その危険性や激しい価値対立を回避しようと、道徳的相違など比較不能な問題を論題から外したうえで、熟議を行うという対応がリベラリズムの立場から支持されている。

　熟議民主主義に対する根源的な批判としては、現存の不平等や権力性を前提にしたうえで熟議を行ったところで、本質的な問題は解決されないのではないか、というものである。この立場は、民主主義過程において人々の理性よりも情熱を強調する闘技民主主義（agonistic democracy）を主張する。闘技民主主義の代表的論者であるシャンタル・ムフは、「よく機能する民主主義には、民主政治の政治的位置をめぐる活気ある衝突が求められる。……過度の合意の強調と対立の拒否は、政治的無関心と政治参加からの離反とを引き起こす。さらに悪いことには、民主主義の過程によっては処理不可能な問題をめぐって集合的情熱が結晶化され、市民・開明性の基礎そのものを破壊するような抗争性の爆発に帰結してしまうかもしれない」と主張する（ムフ 2006：160頁以下）。ムフは、「敵」と「対抗者」とを区分する。「敵」が破壊されるべき対象であるのに対し、「対抗者」は合意できない違いはあるが自由民主主義への倫理という共通基盤に立っている、いわば「正当性をもった敵」である。そして敵同士の闘争である「抗争」を対抗者間の闘争である「闘技」に改めようというのである。ムフは、民主主義政治において、情熱に基づく闘技を活発に行うことで、現存する力関係の差異を隠蔽するのではなく、むしろ逆に表出しようというのである。

　熟議民主主義のなかにも、必ずしも合意形成を目指すのではなく、多元性を前提にそれぞれが自らに立場を説明することで相互尊重を促し、社会協力関係を維持しようというものもある。たとえば、エイミィ・ガットマンとデニィ・トンプソンの互恵主義（reciprocity）に基づく熟議民主主義は、合意の形成を

望ましいとしつつも合意が不可能な場合があることを認めている。深刻な価値対立を熟議過程での参加者の変化・成長によって調停（accommodation）しようというのである。

日本の民主主義

　民主主義についてのより一般的な言説として、リンカーンの「人民の人民による人民のための政治」というのが有名であるが、現在の日本の政治は民主主義に適ったものといえるだろうか。たとえば、Intro 1 にあげたように、集団的自衛権の行使、特定秘密保護法の制定、原発再稼働といった国家の根幹にかかわる問題につき、国民世論の多数が反対を示したにもかかわらず、政府は押し切って推進するというケースが散見される。政治が、その時々の国民の意識調査の結果から距離を持って運営されることは、許されてよいことだろうか。「多種多様な利益や価値観の渦巻く現代の民主社会では、『国民』を代表する政治は、その時々の有権者の意識調査の結果とは、少なからざる距離を持って運営されることが通常である。……代表民主制は、一定期間の国政の『信託』を想定している」という主張もある（長谷部 2012：198頁）。民主主義や代表制をどう考えるかにかかわる重要な論点である。

憲法43条「全国民の代表」

　憲法43条１項は、「両議院は、全国民を代表する選挙された議員でこれを組織する」と規定し、国会議員を「全国民の代表」だとする。ここでいう代表をめぐる従来の支配的な理解は、議員は国民を法的にではなく政治的に代表しているにすぎないというもので、「①議会を構成する議員は、選挙区ないし後援団体など特定の選挙母体の代表ではなく、全国民の代表であること、したがって、②議員は議会において、自己の信念に基づいてのみ発言・表決し、選挙母体である選挙区ないし後援団体の訓令には拘束されないこと」（芦部 2019：303頁）を帰結した。すなわち、選挙母体の訓令に拘束され、それを守らないと召喚される命令的委任は禁止され表決の自由が保障される、としたのである（禁止的な規範要求）。だが、選挙権の拡大をはじめとする民主主義的要求を受けて、

国会が選挙制度を通じ国民の多様な意思をできる限り公正かつ忠実に反映すること、さらには議員と有権者のつながりを強化することが、積極的な規範要求として求められるようになる。

　1980年代に、日本の政治が専ら地域や業界の利益追求の場と化している、いわゆる「利益政治」に対する批判が高まるようになった。そのようななか、樋口陽一は「『代表』のもつ古典的な意味—代表者は選出母体の利益代表であってはならない、という禁止的な規範意味に—に、改めて注意を向けることが重要である」（樋口 1985：863頁）と主張した。利益政治に対処するために、議員と有権者が距離をおくことを説いたのである。

　もちろん、樋口の主張には、利益政治批判という問題意識を共有する論者からも批判がなされた。たとえば、「有権者は、選挙区の特殊利益ではなく国政の一般利益に関して、選挙区の意思を表明することが求められている」という論者は、追求すべき利益が全国的・一般的なものか地域的・特殊的なものかは実体的な問題であり、追求すべき利益について誰が判断するのか（議員か選挙区か）、すなわち命令的委任の問題は手続問題であり、禁止的要求が問題にしているのは、実体的問題だとした。そして、樋口のように命令的委任の禁止を結論づける議論に対し、「現代国民代表制の基本的な要求である民意の表明という積極的要求を制限する選択を行っている。また、有権者は特殊利益に引きずられても、議員は一般利益を追求できるという判断を前提にしているはずであるが、これは論証できない」と主張する（浦田 1995：88頁以下）。また別の論者も、「『議員は全国民の代表である』というのは、議員は地域的、職業的利益について選挙区・選挙民を代表するのではなく、国政に関して選挙区・選挙民の『意思』を代表する」（渡辺 1988：196頁以下）ことだとし、「『現代的』代表観においては選挙区・選挙民の意思から独立した議員によっては達成できない、国民との結びつきの強化を通じて議員の国民代表性を高める方向が追求されなければならない」と主張する（渡辺 1988：217頁）。これらの見解は、43条の「全国民の代表」性から、議員による特殊利益の追求を禁止しつつ、国政の一般利益を議員と国民との結びつきの強化を通じて追求すべきだとする。これらは、歴史の発展を踏まえており適切な理解ではなかろうか。

代表制論と熟議民主主義論

　議員の「国民との結びつきの強化」にあたって、当初その媒介を担うものとして期待されたのが政党であった。だが20世紀の後半以降、〈資本〉対〈労働〉という社会構造の相対化、人々の意思・利益の多様化等により、政党と特定支持基盤とのつながりは弱まる。そもそも階級対立による社会認識それ自体にも疑問は向けられ、民意なるものをはじめから存在するという想定も問題とされるようになる。従来の代表制論は、民意の反映や代表者と国民とのつながりに注目してきたが、やはり民意や有権者の意思を固定的なものと捉えてきたきらいがある。だが、民意や個々の国民の意思を所与のものと措定することが困難ならば、国民の意思形成自体を課題としなければならない。代表制論にも動態的な視点が必要となるのである。

　そこで、国民の意思形成過程を熟議の場と把握し、代表制論に熟議民主主義論を接続することはできないだろうか（奥野 2016：64頁以下）。他者への説得という熟議は、それが理念や方向性のレベルであっても、個々人に合意と対立の契機を生み出す。合意できることとできないこととの「仕分け」と、その理由や背景についての吟味が、自らの価値や客観的利害への覚醒を促し、主体的意思形成の基盤となると思われる。さらにその過程に、議員（代表者）を位置づけることによって、具体的な利害や特定の問題をより普遍的な価値や理念へと収斂していくことが期待されるのである。

　このような熟議の場としては、三つの場が想定される。第一は、最も広い国民間のそれであり、国民の主体的意思形成をはかることを主たる目的とする。第二は、国民と議員や候補者・政党との間での熟議であり、これを通じて国民は全国民的問題を考察する契機を得る。そして第三の熟議は、いうまでもなく国会における議員間のものである。それは、もちろん立法化を含め何らかの決定のためということもあるが、同時に国民に向けての説明の機会でもあり、国民は国会論戦を通じて、個々の政策とその背後にある価値や客観的利害を吟味するのである。

　では、現在の日本は、このような熟議を行うことのできる状況だろうか。1990年代の「政治改革」以降の状況を見ておきたい。

1990年代「政治改革」

　リクルート事件などの汚職・腐敗事件を契機に、1994年以降、「政治改革」が進められた。「政治改革」の柱は、小選挙区制と政党助成制度の導入である。衆議院議員の選挙制度は、従来、一つの選挙区から3～5人を選出する中選挙区制であったのを、小選挙区比例代表並立制に改めたのである。

　一つの選挙区から1人の議員を選出するのが小選挙区制である。小選挙区制の長所として、選挙人が候補者の人物や見識を知りやすく、小党乱立が生じにくく政局が安定するといわれる。だがその反面、死票が多く出る、少数党に不利に働く、大政党の得票数が議席数に過大に反映される、選挙人の選択の範囲が狭く、議員が地域的な狭い利益の代弁者になりやすい、などと問題点が指摘される。

　それに対し、選挙における各政党の得票数と、その選挙で各政党が獲得する議席数とを比例させようというのが比例代表制である。死票を少なくし、少数派にも合理的な代表を得させる「民意の反映」に適した制度といえる。だがこの制度では、小党が乱立し政局が不安定になりやすい、特に拘束名簿式の場合、選挙人と議員の間に政党が介在するため選挙の直接性を阻害する、といった問題点が指摘されている。

　1994年に衆議院に小選挙区比例代表制が導入された。当初は500人の衆議院議員定数中、小選挙区で300人、比例代表で200人が選出されたが、2000年の公職選挙法改正で定数が480人となり、比例代表選出は180人に削減されている。少数派の代表を選出するための比例代表も、11ブロックに分割されており（たとえば四国の定数は6、北海道は8）、比例代表機能を果たせていないとの指摘もある。その後も定数は削減され、2017年の総選挙時点では465人（小選挙区選出289人、比例代表選出176人）となっている。

小選挙区制の問題点

　小選挙区制は、制度導入時に二大政党制の実現が一つの目的とされたものの、20年以上が経過しても日本で二大政党制が定着するようには見えない。それどころか、国民から相対的多数の支持を得た政党の「一強」体制が続くなか、

Intro 1 であげたような問題が生じている。

現在の日本では、衆議院選挙でも投票率は50％台前半である。小選挙区制の下、たとえば3候補が立候補し、55％の投票率で、A候補が30％、B候補が25％、C候補が10％の得票率だとすると、当然A候補が当選する。そもそも、ある有権者がC候補を支持していてもC候補の当選は難しいとなると、当選の可能性のある別候補に投票するということもあるだろう。このように、小選挙区制は政治的少数派を国会から遠ざける機能を果たす。また、当選を目指す候補者は、メディア等で目立つことに力を入れ、政策面では無党派や中間層の支持を得るため、自ずと「無難な」あるいは「好感度の得られそうな」場当たり的な主張を展開するようになる。結果として、国会での論戦は限られた政治的立場のものとなり、また選挙においても政策や政治的価値をめぐる論争が後景に退く。多様な国民の熟議に寄与するものとは言い難い。

政党助成制度の問題

政党助成制度とは、一定の要件を満たした政党に対して使途の限定なく公金を支出する制度である。日本国民の人口数に250円を乗じた金額を毎年算出し（約320億円弱）、それが、国会議員が5人以上の政党又は国会議員1人以上で直近の国政選挙で得票率が2％以上で、政党助成法所定の届出をした政党に、各党の議員数と得票数に応じて配分される。この制度には、そもそも結社の自由として政党の自由を保障している日本国憲法の下で、私的結社である政党に国庫が供与されてよいのか、という問題がある。もちろん、政党の民主的政治過程で果たす役割を重視する立場は、これを承認するであろう。

現代的代表との関係で政党助成制度が問題になるのは、この制度の導入により、多くの政党や議員が財政面で国庫に依存するようになったことである。たとえば2017年、自民党本部は収入の68.1％を、当時の民進党は収入の87.2％を政党助成金に依存している。このように助成金に依存するようになると、政党や議員が、党員を増やしたり個人献金を集めるといった努力は不要となり、議員と国民のつながり、ひいてはそれを通じての熟議の機会を逸することになる。「政治改革」を契機とした、全体的な党員・後援会会員・支持団体構成員の激

減、無党派層の増大は、利益政治を縮減させた面も確かにあろう。だが、同時に議員と国民との直接的な接点も縮小させたのであり、現代的代表の観点からすると、この状況は深刻である。

2　裁判を通じての人権保障

法律による人権侵害

　選挙制度をはじめとする現在の民主主義過程には多くの問題点があるとしても、それでも国会は国民から選挙で選出された国会議員によって構成されており、その国会が制定するのが法律である。しかし、多くの法律は国民の十分な関心が寄せられないなかで制定されており、またそうでなくとも結局は多数派によって制定されるものである。それゆえ、法律による人権侵害という事態が生じることになる。

　たとえば、1948年に制定された旧優生保護法（1996年より母体保護法）は、障がい者に強制不妊手術を迫るものであったし、1953年に制定された「らい予防法」（1996年に廃止）は、ハンセン病患者に国立療養所への入所、外出制限や強制不妊手術を規定していた。「らい予防法」は、ハンセン病治療に有効とされるスルフォン剤（プロミン）の存在が国際的に明らかになっているにもかかわらず、制定されたのである。

　憲法の保障する人権を侵害する法律に対して、憲法が用意している対処法が、裁判所による違憲立法審査権である。日本国憲法は、98条1項で「この憲法は、国の最高法規であつて、その条規に反する法律、命令、詔勅及び国務に関するその他の行為の全部又は一部は、その効力を有しない」と定め、81条で「最高裁判所は、一切の法律、命令、規則又は処分が憲法に適合するかしないかを決定する権限を有する終審裁判所である」と定めている。すなわち、憲法違反の法律を違憲無効と最終的に決定する権限を最高裁判所にもたせているのである。ここから最高裁判所は、「憲法の番人」といわれる。また、憲法76条3項が「すべて裁判官は、その良心に従ひ独立してその職権を行ひ、この憲法及び法律にのみ拘束される」と規定しているように、裁判所は多数派国民の意思に拘

束されるところではない。人権問題という、とりわけ少数派の人権への洞察が求められる問題への対応を裁判所に求めたのは理に適っているといえよう。

違憲審査制の二つの類型

　第二次世界大戦後、裁判所による違憲審査制を設けるのが世界的な潮流となるが、違憲審査制は大きく二つのタイプに分かれる。一つは、付随的審査制でアメリカ型・司法裁判所型といわれる。もう一つが、抽象的審査制でドイツ型・憲法裁判所型といわれる。一般に司法とは、具体的に生じている事件争訟を法律の解釈適用によって解決する作用とされる。前者の付随的審査制は、通常の裁判所が具体的な事件を解決するにさいし適用する法律に憲法違反の疑いがある限りにおいて、その法律の合憲性を適用前に判断するというものである。あくまでも事件の解決、個人の権利保障が主たる目的であって、合憲性の判断はそれに付随して行われる。アメリカで誕生し発展してきたタイプである。

　他方、ドイツ・イタリア等で採用されている抽象的審査制は、特別に設けられた憲法裁判所が、具体的な事件争訟とは関係なく、抽象的に違憲審査を行うというものである。このタイプは、憲法を頂点とする法体系の維持（憲法保障）を主たる目的とする。ドイツでは、憲法裁判所は、連邦政府・ラント政府又は連邦議会議員の３分の１の申立てによって、連邦法律やラントの法律が憲法に合致するかどうかを審査することになっている。もっともドイツの憲法裁判所も、公権力による人権侵害を理由に個人の提訴する違憲訴訟（「憲法訴願」「憲法異議」）を審査する制度が、当初は法律によって後に憲法によって定められた。これによりドイツでも国民の具体的な権利救済がはかられている。

日本の違憲審査制

　問題は、日本の違憲審査制がどちらのタイプに属するか、である。憲法81条を根拠に憲法裁判所を認めると解する説や、法律で訴訟手続等を定めるならば憲法裁判所として機能することも可能とする説もある。しかし通説は、81条が「第６章司法」の章に定められていることを主な理由に、付随的審査制を定めたものと解している。

この問題に裁判所が直面したのが、警察予備隊違憲訴訟（最大判1952・10・8）である。日本社会党の鈴木茂三郎委員長が、自衛隊の前身である警察予備隊が違憲無効であることの確認を求めて、最高裁判所を第一審として出訴したこの事件において、最高裁は、「わが裁判所が現行の制度上与えられているのは司法権を行う権限であり、そして司法権が発動するためには具体的な争訟事件が提起されることを必要とする。我が裁判所は具体的な争訟事件が提起されていないのに将来を予想して憲法及びその他の法律命令等の解釈に対し存在する疑義論争に関し抽象的な判断を下すごとき権限を行い得るものではない。けだし最高裁判所は法律命令等に関し違憲審査権を有するが、この権限は司法権の範囲内において行使されるものであり、この点においては最高裁判所と下級裁判所との間に異なるところはない」と判示したのである。つまり判例も、付随的審査制に立つことを明らかにしたのであり、以来、裁判実務は付随的審査制を前提に発展してきている。また、違憲審査権は下級審でも行使される。

司法権の範囲と限界

　司法権の発動の前提は、具体的な争訟（法律上の争訟）が存在することである。具体的な争訟とは、①当事者間の具体的な権利義務ないし法律関係の存否（刑罰権の存否を含む）に関する紛争であって（それゆえ、裁判所の救済を求めるには、自らの権利利益が侵害されたと主張できなければならない）、②それが法律を適用することにより終局的に解決することができるものに限られる、とされる。警察予備隊違憲訴訟では、①の要件を欠くとして、最高裁は却下したのである。②にかかわっては、「板まんだら」事件（最判1981・4・7）がある。これは、創価学会に「正本堂」建立資金としてその元会員が行った寄付の返還を求めた訴訟である。原告は、「正本堂」に安置すべき本尊たる「板まんだら」が偽物であると主張した。最高裁は、訴訟は形式的には具体的な権利義務ないし法律関係に関する紛争であるが、その前提として信仰の対象の価値または宗教上の教義に関する判断を行わなければならないとし、実質的には法令の適用により終局的な解決の不可能なものであるから、法律上の争訟に当たらない、と判示した。

裁判所は、具体的な争訟（法律上の争訟）を裁判することになるのだが、その例外もある。なかでも大きな問題となったのが統治行為をめぐってであり、具体的には日米安全保障条約の合憲性を争った砂川事件の最高裁判決（最大判1959・12・16）である。1957年、米軍の使用する立川飛行場の拡張に反対して基地内に乱入したデモ隊が、旧日米安保条約に基づく刑事特別法に違反するとして起訴された。一審東京地裁は、駐留米軍は憲法9条2項の戦力に該当し違憲であると判示した（東京地判1959・3・30）。それに対し最高裁は、駐留米軍の必要性に理解を示したうえで、安保条約のような「主権国としてのわが国の存立の基礎に極めて重大な関係をもつ高度の政治性を有する」条約が違憲か否かは、「一見極めて明白に違憲無効であると認められない限りは、裁判所の司法審査の範囲外のものである」としたのである。

　この統治行為論に対しては、権力分立原則の観点から選挙で選出されていない裁判所が高度な政治的問題について判断するのには内在的制約があるとするものや、裁判所が中立性を維持するために高度な政治的問題について審査をすることは自制すべきといった、肯定説もある。他方で、そもそも高度の政治性を有する問題が何なのかが不明確である、国会や内閣が政策決定をするのに対し裁判所が行うのはその政策決定が憲法の枠内のものかどうかを判断するのであって役割は異なる、といった否定説も有力である。日本国憲法下にて主権者が国民であることは当然であり、重大な政治的問題の最終的決定権は国民にある。そのうえで、国民の熟議に資するにはという観点から考えると、裁判所の判断が国民を覚醒させその熟議を促すこともあり得るであろう。統治行為論は、結果として重大問題の決定権を国会や内閣に委ねそれを不問にすることにならないだろうか。

　いずれにしろ、日本の最高裁が「憲法の番人」として十分機能しているとは言い難いのだが、それでも国籍法違憲判決（最大判2008・6・4）、婚外子相続分違憲決定（最大決2013・9・4）など違憲判決も見られるのである。

3　緊急事態時の人権保障の停止

民主主義の暴走

　民主主義もときに暴走することがある。この事実を歴史的に最も典型的に示しているのが、ドイツにおけるナチスの台頭であろう。第一次世界大戦で敗れたドイツでは、1919年にワイマール憲法が制定される。20歳以上の男女に普通選挙権を保障し、直接公選制の大統領制をとったワイマール憲法は、当時最も民主的な憲法といわれていた。この憲法は48条で、公共の安全、秩序に重大な障害が生じるおそれのある時は、人身の自由、意見表明の自由など7ヵ条の基本権の全部または一部を一時的に停止できる権限を大統領に与えていた。いわゆる国家緊急権、大統領緊急権である。

　ところで、1920年代から30年代にかけてのドイツは、敗戦による経済的混乱、世界恐慌による国民生活の困窮、ベルサイユ条約による過酷な賠償などにより、国民大衆の間では閉塞感と不満とがうっ積していた。1920年代、ミュンヘンを地盤にするにすぎないナチス党（国家社会主義労働者党）は、指導者ヒトラーの名演説により大きな支持を獲得することになる。ヒトラーの演説は、「大衆の情緒的な感受性にこたえて、論点を白黒図式で〈単純化〉して示すこと、それを〈くり返し〉訴えつづけること、断固とした口調で大胆に〈断定化〉することによって、客観的な議論の代わりに確信させようとする手法」であったとされる（宮田 2002：4頁）。ナチス党は、1930年9月の議会選挙で107議席、1932年7月議会選挙では230議席を獲得して第一党となり、1933年1月にヒトラーは首相に就任する。1933年2月、国会議事堂が放火されるという事件が起きた時、ナチス党はこれを当時対立していた共産党の犯行だとして、国家緊急権を発動し令状によらずに共産党員や社会民主党員を逮捕したのである。1933年3月の議会選挙でナチス党が288議席を獲得すると、国会の立法権をすべて政府に委ねる「全権委任法」を強行採決する。翌年、ヒンデンブルク大統領が死去すると、ヒトラーは「総統」となり全権を掌握した。

　このように、世襲の国王でないヒトラーは、大衆からの支持を調達するとと

もに国家緊急権を活用することで独裁を確立したのである。国民が独裁を求めることがあったことに、注目しておく必要がある。

国家緊急権

　Intro 2 を考えるにあたって、戦前の日本の実例も見ておきたい。大日本帝国憲法は、8条の緊急勅令の権、14条の戒厳宣告の権、31条の非常大権など緊急権に関する規定を設けていた。たとえば8条は、「天皇ハ公共ノ安全ヲ保持シ又ハ其ノ災厄ヲ避クル為緊急ノ必要ニ由リ帝国議会閉会ノ場合ニ於テ法律ニ代ルヘキ勅令ヲ発ス」と規定していた。1925年に制定された治安維持法は1928年に最高刑を死刑にするという重罰化がなされるが、これは議会での審議未了廃案の後、緊急勅令によってなされている。また、大日本帝国憲法は14条1項で「天皇ハ戒厳ヲ宣告ス」としたうえで、2項でその要件と効果を法律で定めるとしていた。戒厳とは国の統治作用の大部分を軍事官憲に移すことであるが、この戒厳は関東大震災時に実施されている。そこで、災害後の混乱状況下において、軍が権力を濫用し一般市民を組織して朝鮮人の虐殺を行ったのである。

　さて、国家緊急権とは「戦争・内乱・恐慌・大規模な自然災害など、平時の統治機構をもっては対処できない非常事態において、国家の存立を維持するために、国家権力が、立憲的な憲法秩序を一時停止して非常措置をとる権限」（芦部 2019：388頁）とされている。そしてこれは、①憲法上一定の条件を定めておくものと、②超法規的に行使される憲法を踏み越えるものとに区分される。だが、②の方式は、緊急権の発動を国家権力の恣意に委ねることを認めるものであって肯定できない。日本国憲法には国家緊急権の規定はないが、①の方式で規定しておくべきというのが Intro 2 で示した自民党の改憲案である。たしかに近年の自然災害の頻発に直面したとき、国家として何らかの対策を検討する必要があるのは当然である。また戦後のドイツなども、②の方式で緊急権規定をおいている。

　自民党の改憲案を見ると、緊急事態の宣言を発するのは内閣総理大臣であり、緊急事態下において、内閣は「法律と同一の効力を有する政令を制定すること」ができ、また何人をも国や公の機関の指示に従わせることができるとなっ

ている。まさに、内閣に権力を集中し、人権保障を停止するものである。これは、災害事態にさいして州や連邦政府に、他の州の警察力や行政官庁、連邦国境警備隊や軍隊への要請を可能にするとしているドイツの緊急事態規定とは大きく異なる。日本でも災害時の政令の制定や関係機関への協力要請については、災害対策基本法や災害救助法によって定められている。法律で定められているのであれば、その運用のあり方に憲法による統制がなされ得るが、憲法に明記されるとなればそのような統制は困難となろう。また現実的な問題として、災害が発生したさい、その主たる対応は中央政府（内閣）よりも現場の自治体が担った方が適切なのではなかろうか。

　緊急事態条項を憲法に明記するかどうかを考えるにあたっては、結局のところ、現在の日本社会の人権保障状況や政府に対する国民の信頼度とかかわってくるのではなかろうか。一人ひとりの人権を尊重する国家であればともかく、そうでない国家であれば、緊急事態の発動はそれを口実に人権が制限されることになりはしないだろうか。

【文献】
- 芦部信喜・高橋和之補訂『憲法第7版』（岩波書店、2019年）
- 浦田一郎『現代の平和主義と立憲主義』（日本評論社、1995年）
- 浦部法穂「民主主義が民主主義を滅ぼす」労働法律旬報1769号（2012年）
- 浦部法穂『憲法学教室第3版』（日本評論社、2016年）
- 奥野恒久「国民主権論と民主主義論—憲法学における熟議の意味と可能性」立命館法学333・334号（2010年）
- 奥野恒久「代表制論の再検討—熟議民主主義との関係で」本秀紀編『グローバル化時代における民主主義の変容と憲法学』（日本評論社、2016年）
- 木下智史・本秀紀「民主的自己統治の可能性と民主主義論」民主主義科学者協会法律部会編『改憲・改革と法』（日本評論社、2008年）
- 佐藤幸治『日本国憲法論』（成文堂、2011年）
- 永井幸寿『憲法に緊急事態条項は必要か』（岩波ブックレット、2016年）
- 長谷部恭男「自己欺瞞と偽善の間—『狂気の皇帝』カリグラ」世界835号（2012年）
- 樋口陽一『注釈日本国憲法下巻』（青林書院、1985年）
- 宮田光雄『ナチ・ドイツと言語—ヒトラー演説から民衆の悪夢まで』（岩波新書、2002年）

第11章　人権と民主主義

- シャンタル・ムフ／葛西弘隆訳『民主主義の逆説』（以文社、2006年）
- 渡辺良二『近代憲法における主権と代表』（法律文化社、1988年）
- Amy Gutmann and Dennis Thompson, Democracy and disagreement (Belknap Harvard, 1996)

あとがき

　私の憲法学の師匠である上田勝美先生（龍谷大学名誉教授）は、「理論と実践の統一」ということを強調されている。そのこともあって私は、大学院生のときから「京都憲法会議」の事務局に加わり、現場で生じている人権問題や憲法問題に直面しながら考え議論をし、声をあげるという経験を積んできた。政治的立場の異なる人たちが、平和憲法を擁護するという一点で一緒に運動しようという「守ろう憲法と平和　きょうとネット」の設立（2000年）に加わったことは、非常に大きな学びとなった。2004年から7年間、北海道の室蘭工業大学で勤めていたときも、「室蘭・憲法を学ぶ会」にて毎月市民と憲法学習する機会を得た。西胆振地域の統一戦線的な憲法運動組織である「憲法を守る室蘭地域ネット」の設立にも参加し、初代事務局長として代表の増岡敏三さんと多くの、とりわけ地域の問題と向き合った。勤務する大学でも「9条の会・室蘭工大」の設立に参加し、教職員や学生と情勢や運動について議論をした。2018年に急逝された門澤健也さんとの酒を飲み喧嘩をしながらの議論は懐かしい以上のものがある。2011年に龍谷大学に戻ってきてからも、「京都憲法会議」、「龍大9条の会」、「憲法9条京都の会」の運動に参加し、現在「憲法9条京都の会」の事務局長を務めている。

　私は、情報収集能力、思考能力、外国語能力のどれも劣っているうえに不器用であり、研究者としておおよそ失格ではないか、としばしば思う。それでも何とか、熱心に聞いてくれる学生たちを前に講義ができ、論文を執筆することができているのは、日本国憲法にもとづく一人ひとりが大切にされる社会にしたいという情熱と、市民との運動のなかで鍛えられた問題意識ゆえにだと思っている。教科書を念頭においている本書ゆえ、私の立場を強く押し出すことは控えたが、それでもところどころに本書の個性が見られるとすれば、このような理由からである。

　本書の特定の章についてであるが、若干のコメントを付す。序章「大震災・

原発事故と人権」は、2011年の東日本大震災を受けて、龍谷大学の発行する『白色白光』14号（2012年）に掲載されたものを加筆・修正した。この章を読んで学生に感想文を書いてもらうということを試みている。被災者への差別、原発労働者の人権問題、被災地での軋轢など大震災・原発事故がもたらした人権問題があまりにも根深いことをいつも思う。

　第4章「教育と人権」は、裁判所への意見書執筆等でかかわった二つの事件を素材に執筆した研究ノート「思想・良心の自由をめぐる今日的問題」（龍谷大学政策学論集第7巻第1・2合併号（2018年））をベースにしている。

　第7章「アイヌ民族の文化享有権」は、北海道時代に二風谷ダム訴訟の原告である貝澤耕一さんからアイヌの文化やアイヌの思いを教わったがゆえに関心をもった問題である。丸山博さんを中心とした室蘭工業大学での共同研究の成果は、貝澤耕一・丸山博・松名隆・奥野恒久編著『アイヌ民族の復権──先住民族と築く新たな社会』（法律文化社、2011年）にまとめることができた。本章の下敷きになっているのは、ここでの研究である。

　第10章「平和と人権」は、私がいま最も関心をもっている問題である。戦争体験に根差した戦争の悲惨さに対する認識の共有を前提にした日本国民の平和意識が現在揺らぎつつある。そのなかで、改めて「一人ひとりが大切にされる」という人権の価値を平和論にもっと接続していくことが重要ではないか、という問題提起を本章は含んでいる。

　民主主義、とりわけ熟議民主主義に私は関心をもってきた。そのこともあって第11章「人権と民主主義」は、少し細かい議論まで紹介をしている。民主主義論については、名古屋大学大学院法学研究科教授の本秀紀さんを研究代表者とする共同研究「グローバル化時代における民主主義の再創造に向けた比較憲法的研究」から多くを学ばせていただいた。

　私の主たる研究拠点は、京都で毎月開催されている「憲法・政治学研究会」と、「民主主義科学者協会法律部会」である。これらの研究会にて、研究の仕方にはじまり多くを教わってきたし、本書の出版にあたってもこれら研究会メンバーの以下の著書を参考にさせていただいた。

あとがき

- 憲法研究所・上田勝美編『日本国憲法のすすめ―視角と争点』(法律文化社、2003年)
- 木幡洋子『知恵としての憲法学』(風間書房、2009年)
- 市川正人・倉田原志編『憲法入門―憲法原理とその実現』(法律文化社、2012年)
- 浅川千尋『リーガル・リテラシー憲法教育第2版』(法律文化社、2014年)
- 澤野義一・小林直三編『テキストブック憲法』(法律文化社、2014年)
- 武川眞固『やさしく学ぶ日本国憲法入門』(現代図書、2014年)
- 寺島俊穂『戦争をなくすための平和学』(法律文化社、2015年)
- 播磨信義・上脇博之・木下智史・脇田吉隆・渡辺洋『新・どうなっている!?日本国憲法第3版』(法律文化社、2016年)
- 緒方桂子・豊島明子・長谷河亜希子『日本の法』(日本評論社、2017年)
- 小沢隆一編『クローズアップ憲法第3版』(法律文化社、2017年)
- 木下智史・伊藤建『基本憲法Ⅰ―基本的人権』(日本評論社、2017年)
- 永田秀樹・倉持孝司・長岡徹・村田尚紀・倉田原志『講義・憲法学』(法律文化社、2018年)
- 本秀紀編『憲法講義第2版』(日本評論社、2018年)

　最後に、本書のような教科書を出版するよう強く勧めてくださった上田勝美先生、本書の原稿全体に目を通して貴重なアドバイスをくださった立命館大学法学部教授の倉田原志さん、企画から3年以上にわたって怠惰な私と共同作業をしてくださった法律文化社の小西英央さんに心からお礼を申し上げたい。

【資　　料】

日本国憲法

日本国憲法

朕は、日本国民の総意に基いて、新日本建設の礎が、定まるに至つたことを、深くよろこび、枢密顧問の諮詢及び帝国憲法第七十三条による帝国議会の議決を経た帝国憲法の改正を裁可し、ここにこれを公布せしめる。

　　御　名　御　璽
　　　昭和二十一年十一月三日
　　　　内閣総理大臣兼
　　　　外　務　大　臣　　　　吉田　　茂
　　　　国　務　大　臣　男爵　幣原喜重郎
　　　　司　法　大　臣　　　　木村篤太郎
　　　　内　務　大　臣　　　　大村　清一
　　　　文　部　大　臣　　　　田中耕太郎
　　　　農　林　大　臣　　　　和田　博雄
　　　　国　務　大　臣　　　　斎藤　隆夫
　　　　遞　信　大　臣　　　　一松　定吉
　　　　商　工　大　臣　　　　星島　二郎
　　　　厚　生　大　臣　　　　河合　良成
　　　　国　務　大　臣　　　　植原悦二郎
　　　　運　輸　大　臣　　　　平塚常次郎
　　　　大　蔵　大　臣　　　　石橋　湛山
　　　　国　務　大　臣　　　　金森徳次郎
　　　　国　務　大　臣　　　　膳　桂之助

日本国憲法

日本国民は、正当に選挙された国会における代表者を通じて行動し、われらとわれらの子孫のために、諸国民との協和による成果と、わが国全土にわたつて自由のもたらす恵沢を確保し、政府の行為によつて再び戦争の惨禍が起ることのないやうにすることを決意し、ここに主権が国民に存することを宣言し、この憲法を確定する。そもそも国政は、国民の厳粛な信託によるものであつて、その権威は国民に由来し、その権力は国民の代表者がこれを行使し、その福利は国民がこれを享受する。これは人類普遍の原理であり、この憲法は、かかる原理に基くものである。われらは、これに反する一切の憲法、法令及び詔勅を排除する。

日本国民は、恒久の平和を念願し、人間相互の関係を支配する崇高な理想を深く自覚するのであつて、平和を愛する諸国民の公正と信義に信頼して、われらの安全と生存を保持しようと決意した。われらは、平和を維持し、専制と隷従、圧迫と偏狭を地上から永遠に除去しようと努めてゐる国際社会において、名誉ある地位を占めたいと思ふ。われらは、全世界の国民が、ひとしく恐怖と欠乏から免かれ、平和のうちに生存する権利を有することを確認する。

われらは、いづれの国家も、自国のことのみに専念して他国を無視してはならないのであつて、政治道徳の法則は、普遍的なものであり、この法則に従ふことは、自国の主権を維持し、他国と対等関係に立たうとする各国の責務であると信ずる。

日本国民は、国家の名誉にかけ、全力をあげてこの崇高な理想と目的を達成することを誓ふ。

第1章　天　皇

第1条〔天皇の地位、国民主権〕　天皇は、日本国の象徴であり日本国民統合の象徴であつて、この地位は、主権の存する日本国民の総意に基く。

第2条〔皇位の継承〕　皇位は、世襲のものであつて、国会の議決した皇室典範の定めるところにより、これを継承する。

第3条〔天皇の国事行為に対する内閣の助言と承認〕　天皇の国事に関するすべての行為には、内閣の助言と承認を必要とし、内閣が、その責任を負ふ。

第4条〔天皇の権能の限界・天皇の国事行為

の委任〕　①　天皇は、この憲法の定める国事に関する行為のみを行ひ、国政に関する権能を有しない。
②　天皇は、法律の定めるところにより、その国事に関する行為を委任することができる。
第5条〔摂政〕　皇室典範の定めるところにより摂政を置くときは、摂政は、天皇の名でその国事に関する行為を行ふ。この場合には、前条第一項の規定を準用する。
第6条〔天皇の任命権〕　①　天皇は、国会の指名に基いて、内閣総理大臣を任命する。
②　天皇は、内閣の指名に基いて、最高裁判所の長たる裁判官を任命する。
第7条〔天皇の国事行為〕　天皇は、内閣の助言と承認により、国民のために、左の国事に関する行為を行ふ。
　一　憲法改正、法律、政令及び条約を公布すること。
　二　国会を召集すること。
　三　衆議院を解散すること。
　四　国会議員の総選挙の施行を公示すること。
　五　国務大臣及び法律の定めるその他の官吏の任免並びに全権委任状及び大使及び公使の信任状を認証すること。
　六　大赦、特赦、減刑、刑の執行の免除及び復権を認証すること。
　七　栄典を授与すること。
　八　批准書及び法律の定めるその他の外交文書を認証すること。
　九　外国の大使及び公使を接受すること。
　十　儀式を行ふこと。
第8条〔皇室の財産授受〕　皇室に財産を譲り渡し、又は皇室が、財産を譲り受け、若しくは賜与することは、国会の議決に基かなければならない。

第2章　戦争の放棄

第9条〔戦争の放棄、軍備及び交戦権の否認〕　①　日本国民は、正義と秩序を基調とする国際平和を誠実に希求し、国権の発動たる戦争と、武力による威嚇又は武力の行使は、国際紛争を解決する手段としては、永久にこれを放棄する。
②　前項の目的を達するため、陸海空軍その他の戦力は、これを保持しない。国の交戦権は、これを認めない。

第3章　国民の権利及び義務

第10条〔国民の要件〕　日本国民たる要件は、法律でこれを定める。
第11条〔基本的人権の享有〕　国民は、すべての基本的人権の享有を妨げられない。この憲法が国民に保障する基本的人権は、侵すことのできない永久の権利として、現在及び将来の国民に与へられる。
第12条〔自由・権利の保持の責任とその濫用の禁止〕　この憲法が国民に保障する自由及び権利は、国民の不断の努力によつて、これを保持しなければならない。又、国民は、これを濫用してはならないのであつて、常に公共の福祉のためにこれを利用する責任を負ふ。
第13条〔個人の尊重、生命・自由・幸福追求の権利の尊重〕　すべて国民は、個人として尊重される。生命、自由及び幸福追求に対する国民の権利については、公共の福祉に反しない限り、立法その他の国政の上で、最大の尊重を必要とする。
第14条〔法の下の平等、貴族制度の否認、栄典〕　①　すべて国民は、法の下に平等であつて、人種、信条、性別、社会的身分又は門地により、政治的、経済的又は社会的関係において、差別されない。

② 華族その他の貴族の制度は、これを認めない。
③ 栄誉、勲章その他の栄典の授与は、いかなる特権も伴はない。栄典の授与は、現にこれを有し、又は将来これを受ける者の一代に限り、その効力を有する。
第15条〔公務員の選定及び罷免権、公務員の本質、普通選挙・秘密投票の保障〕 ① 公務員を選定し、及びこれを罷免することは、国民固有の権利である。
② すべて公務員は、全体の奉仕者であつて、一部の奉仕者ではない。
③ 公務員の選挙については、成年者による普通選挙を保障する。
④ すべて選挙における投票の秘密は、これを侵してはならない。選挙人は、その選択に関し公的にも私的にも責任を問はれない。
第16条〔請願権〕 何人も、損害の救済、公務員の罷免、法律、命令又は規則の制定、廃止又は改正その他の事項に関し、平穏に請願する権利を有し、何人も、かかる請願をしたためにいかなる差別待遇も受けない。
第17条〔国及び公共団体の賠償責任〕 何人も、公務員の不法行為により、損害を受けたときは、法律の定めるところにより、国又は公共団体に、その賠償を求めることができる。
第18条〔奴隷的拘束及び苦役からの自由〕 何人も、いかなる奴隷的拘束も受けない。又、犯罪に因る処罰の場合を除いては、その意に反する苦役に服させられない。
第19条〔思想及び良心の自由〕 思想及び良心の自由は、これを侵してはならない。
第20条〔信教の自由、国の宗教活動の禁止〕 ① 信教の自由は、何人に対してもこれを保障する。いかなる宗教団体も、国から特権を受け、又は政治上の権力を行使してはならない。
② 何人も、宗教上の行為、祝典、儀式又は行事に参加することを強制されない。
③ 国及びその機関は、宗教教育その他いかなる宗教的活動もしてはならない。
第21条〔集会・結社・表現の自由、検閲の禁止、通信の秘密〕 ① 集会、結社及び言論、出版その他一切の表現の自由は、これを保障する。
② 検閲は、これをしてはならない。通信の秘密は、これを侵してはならない。
第22条〔居住・移転及び職業選択の自由、外国移住・国籍離脱の自由〕 ① 何人も、公共の福祉に反しない限り、居住、移転及び職業選択の自由を有する。
② 何人も、外国に移住し、又は国籍を離脱する自由を侵されない。
第23条〔学問の自由〕 学問の自由は、これを保障する。
第24条〔家庭生活における個人の尊厳と両性の平等〕 ① 婚姻は、両性の合意のみに基いて成立し、夫婦が同等の権利を有することを基本として、相互の協力により、維持されなければならない。
② 配偶者の選択、財産権、相続、住居の選定、離婚並びに婚姻及び家族に関するその他の事項に関しては、法律は、個人の尊厳と両性の本質的平等に立脚して、制定されなければならない。
第25条〔生存権、国の社会的使命〕 ① すべて国民は、健康で文化的な最低限度の生活を営む権利を有する。
② 国は、すべての生活部面について、社会福祉、社会保障及び公衆衛生の向上及び増進に努めなければならない。
第26条〔教育を受ける権利、教育を受けさせる義務、義務教育の無償〕 ① すべて国民は、法律の定めるところにより、その能力に応じて、ひとしく教育を受ける権利を有する。
② すべて国民は、法律の定めるところにより、その保護する子女に普通教育を受けさせる義務を負ふ。義務教育は、これを無償

第27条〔勤労の権利及び義務、勤労条件の基準、児童酷使の禁止〕　①　すべて国民は、勤労の権利を有し、義務を負ふ。
②　賃金、就業時間、休息その他の勤労条件に関する基準は、法律でこれを定める。
③　児童は、これを酷使してはならない。
第28条〔勤労者の団結権・団体交渉権その他の団体行動権〕　勤労者の団結する権利及び団体交渉その他の団体行動をする権利は、これを保障する。
第29条〔財産権〕　①　財産権は、これを侵してはならない。
②　財産権の内容は、公共の福祉に適合するやうに、法律でこれを定める。
③　私有財産は、正当な補償の下に、これを公共のために用ひることができる。
第30条〔納税の義務〕　国民は、法律の定めるところにより、納税の義務を負ふ。
第31条〔法定手続の保障〕　何人も、法律の定める手続によらなければ、その生命若しくは自由を奪はれ、又はその他の刑罰を科せられない。
第32条〔裁判を受ける権利〕　何人も、裁判所において裁判を受ける権利を奪はれない。
第33条〔逮捕の要件〕　何人も、現行犯として逮捕される場合を除いては、権限を有する司法官憲が発し、且つ理由となつてゐる犯罪を明示する令状によらなければ、逮捕されない。
第34条〔抑留、拘禁の要件、不法拘禁に対する保障〕　何人も、理由を直ちに告げられ、且つ、直ちに弁護人に依頼する権利を与へられなければ、抑留又は拘禁されない。又、何人も、正当な理由がなければ、拘禁されず、要求があれば、その理由は、直ちに本人及びその弁護人の出席する公開の法廷で示されなければならない。
第35条〔住居侵入・捜索・押収に対する保障〕　①　何人も、その住居、書類及び所持品について、侵入、捜索及び押収を受けることのない権利は、第33条の場合を除いては、正当な理由に基いて発せられ、且つ捜索する場所及び押収する物を明示する令状がなければ、侵されない。
②　捜索又は押収は、権限を有する司法官憲が発する各別の令状により、これを行ふ。
第36条〔拷問及び残虐刑の禁止〕　公務員による拷問及び残虐な刑罰は、絶対にこれを禁ずる。
第37条〔刑事被告人の権利〕　①　すべて刑事事件においては、被告人は、公平な裁判所の迅速な公開裁判を受ける権利を有する。
②　刑事被告人は、すべての証人に対して審問する機会を充分に与へられ、又、公費で自己のために強制的手続により証人を求める権利を有する。
③　刑事被告人は、いかなる場合にも、資格を有する弁護人を依頼することができる。被告人が自らこれを依頼することができないときは、国でこれを附する。
第38条〔自己に不利益な供述の強要禁止、自白の証拠能力〕　①　何人も、自己に不利益な供述を強要されない。
②　強制、拷問若しくは脅迫による自白又は不当に長く抑留若しくは拘禁された後の自白は、これを証拠とすることができない。
③　何人も、自己に不利益な唯一の証拠が本人の自白である場合には、有罪とされ、又は刑罰を科せられない。
第39条〔遡及処罰の禁止、一事不再理〕　何人も、実行の時に適法であつた行為又は既に無罪とされた行為については、刑事上の責任を問はれない。又、同一の犯罪について、重ねて刑事上の責任を問はれない。
第40条〔刑事補償〕　何人も、抑留又は拘禁された後、無罪の裁判を受けたときは、法律の定めるところにより、国にその補償

を求めることができる。

第4章 国　　会

第41条〔国会の地位、立法権〕　国会は、国権の最高機関であつて、国の唯一の立法機関である。

第42条〔両院制〕　国会は、衆議院及び参議院の両議院でこれを構成する。

第43条〔両議院の組織〕　①　両議院は、全国民を代表する選挙された議員でこれを組織する。

②　両議院の議員の定数は、法律でこれを定める。

第44条〔議員及び選挙人の資格〕　両議院の議員及びその選挙人の資格は、法律でこれを定める。但し、人種、信条、性別、社会的身分、門地、教育、財産又は収入によつて差別してはならない。

第45条〔衆議院議員の任期〕　衆議院議員の任期は、四年とする。但し、衆議院解散の場合には、その期間満了前に終了する。

第46条〔参議院議員の任期〕　参議院議員の任期は、六年とし、三年ごとに議員の半数を改選する。

第47条〔選挙に関する事項の法定〕　選挙区、投票の方法その他両議院の議員の選挙に関する事項は、法律でこれを定める。

第48条〔両院議員兼職の禁止〕　何人も、同時に両議院の議員たることはできない。

第49条〔議員の歳費〕　両議院の議員は、法律の定めるところにより、国庫から相当額の歳費を受ける。

第50条〔議員の不逮捕特権〕　両議院の議員は、法律の定める場合を除いては、国会の会期中逮捕されず、会期前に逮捕された議員は、その議院の要求があれば、会期中これを釈放しなければならない。

第51条〔議員の発言・表決の無責任〕　両議院の議員は、議院で行つた演説、討論又は表決について、院外で責任を問はれない。

第52条〔常会〕　国会の常会は、毎年一回これを召集する。

第53条〔臨時会〕　内閣は、国会の臨時会の召集を決定することができる。いづれかの議院の総議員の四分の一以上の要求があれば、内閣は、その召集を決定しなければならない。

第54条〔衆議院の解散、特別会、参議院の緊急集会〕　①　衆議院が解散されたときは、解散の日から四十日以内に、衆議院議員の総選挙を行ひ、その選挙の日から三十日以内に、国会を召集しなければならない。

②　衆議院が解散されたときは、参議院は、同時に閉会となる。但し、内閣は、国に緊急の必要があるときは、参議院の緊急集会を求めることができる。

③　前項但書の緊急集会において採られた措置は、臨時のものであつて、次の国会開会の後十日以内に、衆議院の同意がない場合には、その効力を失ふ。

第55条〔議員の資格争訟〕　両議院は、各〻その議員の資格に関する争訟を裁判する。但し、議員の議席を失はせるには、出席議員の三分の二以上の多数による議決を必要とする。

第56条〔議事議決の定足数・表決〕

①　両議院は、各〻その総議員の三分の一以上の出席がなければ、議事を開き議決することができない。

②　両議院の議事は、この憲法に特別の定のある場合を除いては、出席議員の過半数でこれを決し、可否同数のときは、議長の決するところによる。

第57条〔会議の公開・会議の記録・表決の会議録への記載〕　①　両議院の会議は、公開とする。但し、出席議員の三分の二以上の多数で議決したときは、秘密会を開くことができる。

②　両議院は、各〻その会議の記録を保存し、

秘密会の記録の中で特に秘密を要すると認められるもの以外は、これを公表し、且つ一般に頒布しなければならない。
③　出席議員の五分の一以上の要求があれば、各議員の表決は、これを会議録に記載しなければならない。

第58条〔議長等の選任・議院の自律権〕　①　両議院は、各々その議長その他の役員を選任する。

②　両議院は、各々その会議その他の手続及び内部の規律に関する規則を定め、又、院内の秩序をみだした議員を懲罰することができる。但し、議員を除名するには、出席議員の三分の二以上の多数による議決を必要とする。

第59条〔法律案の議決・衆議院の優越〕　①　法律案は、この憲法に特別の定のある場合を除いては、両議院で可決したとき法律となる。

②　衆議院で可決し、参議院でこれと異なつた議決をした法律案は、衆議院で出席議員の三分の二以上の多数で再び可決したときは、法律となる。

③　前項の規定は、法律の定めるところにより、衆議院が、両議院の協議会を開くことを求めることを妨げない。

④　参議院が、衆議院の可決した法律案を受け取つた後、国会休会中の期間を除いて六十日以内に、議決しないときは、衆議院は、参議院がその法律案を否決したものとみなすことができる。

第60条〔衆議院の予算先議・予算議決に関する衆議院の優越〕　①　予算は、さきに衆議院に提出しなければならない。

②　予算について、参議院で衆議院と異なつた議決をした場合に、法律の定めるところにより、両議院の協議会を開いても意見が一致しないとき、又は参議院が、衆議院の可決した予算を受け取つた後、国会休会中の期間を除いて三十日以内に、議決しないときは、衆議院の議決を国会の議決とする。

第61条〔条約の国会承認・衆議院の優越〕　条約の締結に必要な国会の承認については、前条第二項の規定を準用する。

第62条〔議院の国政調査権〕　両議院は、各国政に関する調査を行ひ、これに関して、証人の出頭及び証言並びに記録の提出を要求することができる。

第63条〔国務大臣の議院出席の権利と義務〕　内閣総理大臣その他の国務大臣は、両議院の一に議席を有すると有しないとにかかはらず、何時でも議案について発言するため議院に出席することができる。又、答弁又は説明のため出席を求められたときは、出席しなければならない。

第64条〔弾劾裁判所〕　①　国会は、罷免の訴追を受けた裁判官を裁判するため、両議院の議員で組織する弾劾裁判所を設ける。

②　弾劾に関する事項は、法律でこれを定める。

第5章　内　閣

第65条〔行政権〕　行政権は、内閣に属する。

第66条〔内閣の組織・国会に対する連帯責任〕　①　内閣は、法律の定めるところにより、その首長たる内閣総理大臣及びその他の国務大臣でこれを組織する。

②　内閣総理大臣その他の国務大臣は、文民でなければならない。

③　内閣は、行政権の行使について、国会に対し連帯して責任を負ふ。

第67条〔内閣総理大臣の指名・衆議院の優越〕　①　内閣総理大臣は、国会議員の中から国会の議決で、これを指名する。この指名は、他のすべての案件に先だつて、これを行ふ。

②　衆議院と参議院とが異なつた指名の議決をした場合に、法律の定めるところにより、

両議院の協議会を開いても意見が一致しないとき、又は衆議院が指名の議決をした後、国会休会中の期間を除いて十日以内に、参議院が、指名の議決をしないときは、衆議院の議決を国会の議決とする。

第68条〔国務大臣の任命及び罷免〕　① 内閣総理大臣は、国務大臣を任命する。但し、その過半数は、国会議員の中から選ばれなければならない。
② 内閣総理大臣は、任意に国務大臣を罷免することができる。

第69条〔衆議院の内閣不信任〕　内閣は、衆議院で不信任の決議案を可決し、又は信任の決議案を否決したときは、十日以内に衆議院が解散されない限り、総辞職をしなければならない。

第70条〔内閣総理大臣の欠缺・総選挙後の総辞職〕　内閣総理大臣が欠けたとき、又は衆議院議員総選挙の後に初めて国会の召集があつたときは、内閣は、総辞職をしなければならない。

第71条〔総辞職後の内閣の職務〕　前2条の場合には、内閣は、あらたに内閣総理大臣が任命されるまで引き続きその職務を行ふ。

第72条〔内閣総理大臣の職権〕　内閣総理大臣は、内閣を代表して議案を国会に提出し、一般国務及び外交関係について国会に報告し、並びに行政各部を指揮監督する。

第73条〔内閣の職権〕　内閣は、他の一般行政事務の外、左の事務を行ふ。
一　法律を誠実に執行し、国務を総理すること。
二　外交関係を処理すること。
三　条約を締結すること。但し、事前に、時宜によつては事後に、国会の承認を経ることを必要とする。
四　法律の定める基準に従ひ、官吏に関する事務を掌理すること。
五　予算を作成して国会に提出すること。
六　この憲法及び法律の規定を実施するために、政令を制定すること。但し、政令には、特にその法律の委任がある場合を除いては、罰則を設けることができない。
七　大赦、特赦、減刑、刑の執行の免除及び復権を決定すること。

第74条〔法律・政令の署名〕　法律及び政令には、すべて主任の国務大臣が署名し、内閣総理大臣が連署することを必要とする。

第75条〔国務大臣の訴追〕　国務大臣は、その在任中、内閣総理大臣の同意がなければ、訴追されない。但し、これがため、訴追の権利は、害されない。

第6章　司　　法

第76条〔司法権、特別裁判所の禁止、裁判官の職務の独立〕　① すべて司法権は、最高裁判所及び法律の定めるところにより設置する下級裁判所に属する。
② 特別裁判所は、これを設置することができない。行政機関は、終審として裁判を行ふことができない。
③ すべて裁判官は、その良心に従ひ独立してその職権を行ひ、この憲法及び法律にのみ拘束される。

第77条〔最高裁判所の規則制定権〕　① 最高裁判所は、訴訟に関する手続、弁護士、裁判所の内部規律及び司法事務処理に関する事項について、規則を定める権限を有する。
② 検察官は、最高裁判所の定める規則に従はなければならない。
③ 最高裁判所は、下級裁判所に関する規則を定める権限を、下級裁判所に委任することができる。

第78条〔裁判官の身分の保障〕　裁判官は、裁判により、心身の故障のために職務を執ることができないと決定された場合を除いては、公の弾劾によらなければ罷免されない。裁判官の懲戒処分は、行政機関がこれ

を行ふことはできない。
第79条〔最高裁判所の裁判官・国民審査〕
① 最高裁判所は、その長たる裁判官及び法律の定める員数のその他の裁判官でこれを構成し、その長たる裁判官以外の裁判官は、内閣でこれを任命する。
② 最高裁判所の裁判官の任命は、その任命後初めて行はれる衆議院議員総選挙の際国民の審査に付し、その後十年を経過した後初めて行はれる衆議院議員総選挙の際更に審査に付し、その後も同様とする。
③ 前項の場合において、投票者の多数が裁判官の罷免を可とするときは、その裁判官は、罷免される。
④ 審査に関する事項は、法律でこれを定める。
⑤ 最高裁判所の裁判官は、法律の定める年齢に達した時に退官する。
⑥ 最高裁判所の裁判官は、すべて定期に相当額の報酬を受ける。この報酬は、在任中、これを減額することができない。
第80条〔下級裁判所の裁判官〕① 下級裁判所の裁判官は、最高裁判所の指名した者の名簿によつて、内閣でこれを任命する。その裁判官は、任期を十年とし、再任されることができる。但し、法律の定める年齢に達した時には退官する。
② 下級裁判所の裁判官は、すべて定期に相当額の報酬を受ける。この報酬は、在任中、これを減額することができない。
第81条〔最高裁判所の法令等審査権〕 最高裁判所は、一切の法律、命令、規則又は処分が憲法に適合するかしないかを決定する権限を有する終審裁判所である。
第82条〔裁判の公開〕① 裁判の対審及び判決は、公開法廷でこれを行ふ。
② 裁判所が、裁判官の全員一致で、公の秩序又は善良の風俗を害する虞があると決した場合には、対審は、公開しないでこれを行ふことができる。但し、政治犯罪、出版に関する犯罪又はこの憲法第3章で保障する国民の権利が問題となつてゐる事件の対審は、常にこれを公開しなければならない。

第7章 財　政

第83条〔財政処理の基本原則〕 国の財政を処理する権限は、国会の議決に基いて、これを行使しなければならない。
第84条〔課税の要件〕 あらたに租税を課し、又は現行の租税を変更するには、法律又は法律の定める条件によることを必要とする。
第85条〔国費の支出及び債務負担〕 国費を支出し、又は国が債務を負担するには、国会の議決に基くことを必要とする。
第86条〔予算〕 内閣は、毎会計年度の予算を作成し、国会に提出して、その審議を受け議決を経なければならない。
第87条〔予備費〕① 予見し難い予算の不足に充てるため、国会の議決に基いて予備費を設け、内閣の責任でこれを支出することができる。
② すべて予備費の支出については、内閣は、事後に国会の承諾を得なければならない。
第88条〔皇室財産、皇室の費用〕 すべて皇室財産は、国に属する。すべて皇室の費用は、予算に計上して国会の議決を経なければならない。
第89条〔公の財産の支出又は利用の制限〕 公金その他の公の財産は、宗教上の組織若しくは団体の使用、便益若しくは維持のため、又は公の支配に属しない慈善、教育若しくは博愛の事業に対し、これを支出し、又はその利用に供してはならない。
第90条〔決算審査・会計検査院〕① 国の収入支出の決算は、すべて毎年会計検査院がこれを検査し、内閣は、次の年度に、その検査報告とともに、これを国会に提出しなければならない。

② 会計検査院の組織及び権限は、法律でこれを定める。

第91条〔財政状況の報告〕　内閣は、国会及び国民に対し、定期に、少くとも毎年一回、国の財政状況について報告しなければならない。

第8章　地方自治

第92条〔地方自治の基本原則〕　地方公共団体の組織及び運営に関する事項は、地方自治の本旨に基いて、法律でこれを定める。

第93条〔地方公共団体の機関とその直接選挙〕　① 地方公共団体には、法律の定めるところにより、その議事機関として議会を設置する。

② 地方公共団体の長、その議会の議員及び法律の定めるその他の吏員は、その地方公共団体の住民が、直接これを選挙する。

第94条〔地方公共団体の権能〕　地方公共団体は、その財産を管理し、事務を処理し、及び行政を執行する権能を有し、法律の範囲内で条例を制定することができる。

第95条〔一の地方公共団体のみに適用される特別法〕　一の地方公共団体のみに適用される特別法は、法律の定めるところにより、その地方公共団体の住民の投票においてその過半数の同意を得なければ、国会は、これを制定することができない。

第9章　改　　正

第96条〔憲法改正の手続・憲法改正の公布〕　① この憲法の改正は、各議院の総議員の三分の二以上の賛成で、国会が、これを発議し、国民に提案してその承認を経なければならない。この承認には、特別の国民投票又は国会の定める選挙の際行はれる投票において、その過半数の賛成を必要とする。

② 憲法改正について前項の承認を経たときは、天皇は、国民の名で、この憲法と一体を成すものとして、直ちにこれを公布する。

第10章　最高法規

第97条〔基本的人権の本質〕　この憲法が日本国民に保障する基本的人権は、人類の多年にわたる自由獲得の努力の成果であつて、これらの権利は、過去幾多の試錬に堪へ、現在及び将来の国民に対し、侵すことのできない永久の権利として信託されたものである。

第98条〔憲法の最高法規性、条約・国際法規の遵守〕　① この憲法は、国の最高法規であつて、その条規に反する法律、命令、詔勅及び国務に関するその他の行為の全部又は一部は、その効力を有しない。

② 日本国が締結した条約及び確立された国際法規は、これを誠実に遵守することを必要とする。

第99条〔憲法尊重擁護の義務〕　天皇又は摂政及び国務大臣、国会議員、裁判官その他の公務員は、この憲法を尊重し擁護する義務を負ふ。

第11章　補　　則

第100条〔憲法の施行期日・準備手続〕　① この憲法は、公布の日から起算して6箇月を経過した日から、これを施行する。

② この憲法を施行するために必要な法律の制定、参議院議員の選挙及び国会召集の手続並びにこの憲法を施行するために必要な準備手続は、前項の期日よりも前に、これを行ふことができる。

第101条〔経過規定〕　この憲法施行の際、参議院がまだ成立してゐないときは、その成立するまでの間、衆議院は、国会としての権限を行ふ。

第102条〔同前〕　この憲法による第一期の

参議院議員のうち、その半数の者の任期は、これを三年とする。その議員は、法律の定めるところにより、これを定める。

第103条〔同前〕　この憲法施行の際現に在職する国務大臣、衆議院議員及び裁判官並びにその他の公務員で、その地位に相応する地位がこの憲法で認められてゐる者は、法律で特別の定をした場合を除いては、この憲法施行のため、当然にはその地位を失ふことはない。但し、この憲法によつて、後任者が選挙又は任命されたときは、当然その地位を失ふ。

■著者紹介

奥野恒久（おくの・つねひさ）

龍谷大学政策学部教授

主　著

『アイヌ民族の復権―先住民族と築く新たな社会』（共編）法律文化社、2011年
『憲法「改正」の論点―憲法原理から問い直す』（共編）法律文化社、2014年
『改訂版はじめての憲法』（共著）晃洋書房、2018年

Horitsu Bunka Sha

人 権 論 入 門
――日本国憲法から考える

2019年8月15日　初版第1刷発行

著　者　　奥　野　恒　久
発行者　　田　靡　純　子
発行所　　株式会社　法律文化社

〒603-8053
京都市北区上賀茂岩ヶ垣内町71
電話 075(791)7131　FAX 075(721)8400
http://www.hou-bun.com/

印刷：㈱冨山房インターナショナル／製本：㈱藤沢製本
装幀：白沢　正
ISBN 978-4-589-04021-3

©2019 Tsunehisa Okuno Printed in Japan

乱丁など不良本がありましたら、ご連絡下さい。送料小社負担にて
お取り替えいたします。
本書についてのご意見・ご感想は、小社ウェブサイト、トップページの
「読者カード」にてお聞かせ下さい。

JCOPY　〈出版者著作権管理機構　委託出版物〉
本書の無断複写は著作権法上での例外を除き禁じられています。複写される
場合は、そのつど事前に、出版者著作権管理機構（電話 03-5244-5088、
FAX 03-5244-5089、e-mail: info@jcopy.or.jp）の許諾を得て下さい。

貝澤耕一・丸山 博・松名 隆・奥野恒久編著 **アイヌ民族の復権** ―先住民族と築く新たな社会― A5判・246頁・2300円	アイヌ民族の復権へ向けた問題提起の書。二風谷ダム裁判をあらためて問い直すことを契機に、アイヌ復権への根源的な課題を学際的かつ実践的アプローチにより考察。先住民族と築く多様で豊かな社会を提言する。
京都憲法会議監修／ 木藤伸一朗・倉田原志・奥野恒久編 **憲法「改正」の論点** ―憲法原理から問い直す― A5判・178頁・1900円	「自民党憲法改正草案」を中心に昨今の改憲動向を概観のうえ、憲法の基本原理から改憲論を批判的に問い直す。改憲論における論点だけでなく明文改憲の動向も含め包括的に検討し、憲法理念の礎と憲法擁護運動の道標を提示する。
宍戸常寿編〔〈18歳から〉シリーズ〕 **18歳から考える人権** B5判・106頁・2300円	身近な事例からいま「生きている人権の多様な姿」を描き、人権問題への関心と理解を深め、「人権」の大切さを考えるきっかけをあたえてくれる入門書。人権問題が「自分自身の問題」でもあることを、"とことん"伝える。
横藤田誠・中坂恵美子著 **人 権 入 門**〔第3版〕 ―憲法／人権／マイノリティ― A5判・246頁・2100円	人種・性別・年齢等を問わず、すべての人に人権は保障されているのか。現代社会のリアルな実態と人権の接点を探り、人権について考えるための入門書。第2版刊行（2011年）以降の動向を踏まえ、いま学ぶべき内容を厳選し補訂。
君塚正臣編 **大学生のための憲法** A5判・342頁・2500円	重要判例を詳解し、重要語句を強調、参考文献・Web情報を付すなど、学習を深めるための工夫を凝らすことによって法学部専門科目の「憲法」にも教養科目「憲法」講義にも対応可能なテキスト。
長沼建一郎著 **大学生のための法学** ―キャンパスライフで学ぶ法律入門― A5判・232頁・2700円	法学部以外で初めて法学を学ぶ人を対象にした入門テキスト。総論では法の考え方・しくみについて概説し、各論では民法を中心に行政法、憲法等を素材に身近な事象を示しながら具体的に解説。各小項目レベルで関連するキャンパスライフの事例も取り上げた。

―**法律文化社**―

表示価格は本体(税別)価格です